Introducción

En esta segunda parte de Armonía Cuartal y Quintal, trabajaremos entre otras cosas, la aplicación melódica y armónica de diversas estructuras, como se relacionan entre sí y con diferentes situaciones o progresiones armónicas. La idea, en primera instancia es poder aplicar estas estructuras no solo como acordes sino también de forma melódica.

Encontraremos también varias ideas de conducciones y funcionalidades que la armonía Cuartal puede ofrecernos, suspensiones, retardos, y como relacionar vocings y estructuras con triadas y cuatriadas.

Otra herramienta con la cual contaremos en esta parte, son los arpegios, cuartales, quintales y como introducir estas sonoridades en contextos de acordes Cuatriadas y progresiones conocidas. En fin, es mi deseo que todas estas ideas y más colaboren y enriquezcan tu lenguaje armónico y de improvisación, como así también te brinden nuevas técnicas y posibilidades de aplicar sonoridades como estas.

Índice

Digitaciones y Movimientos
(Generacion de Sonidos Cuartales y Quintales)

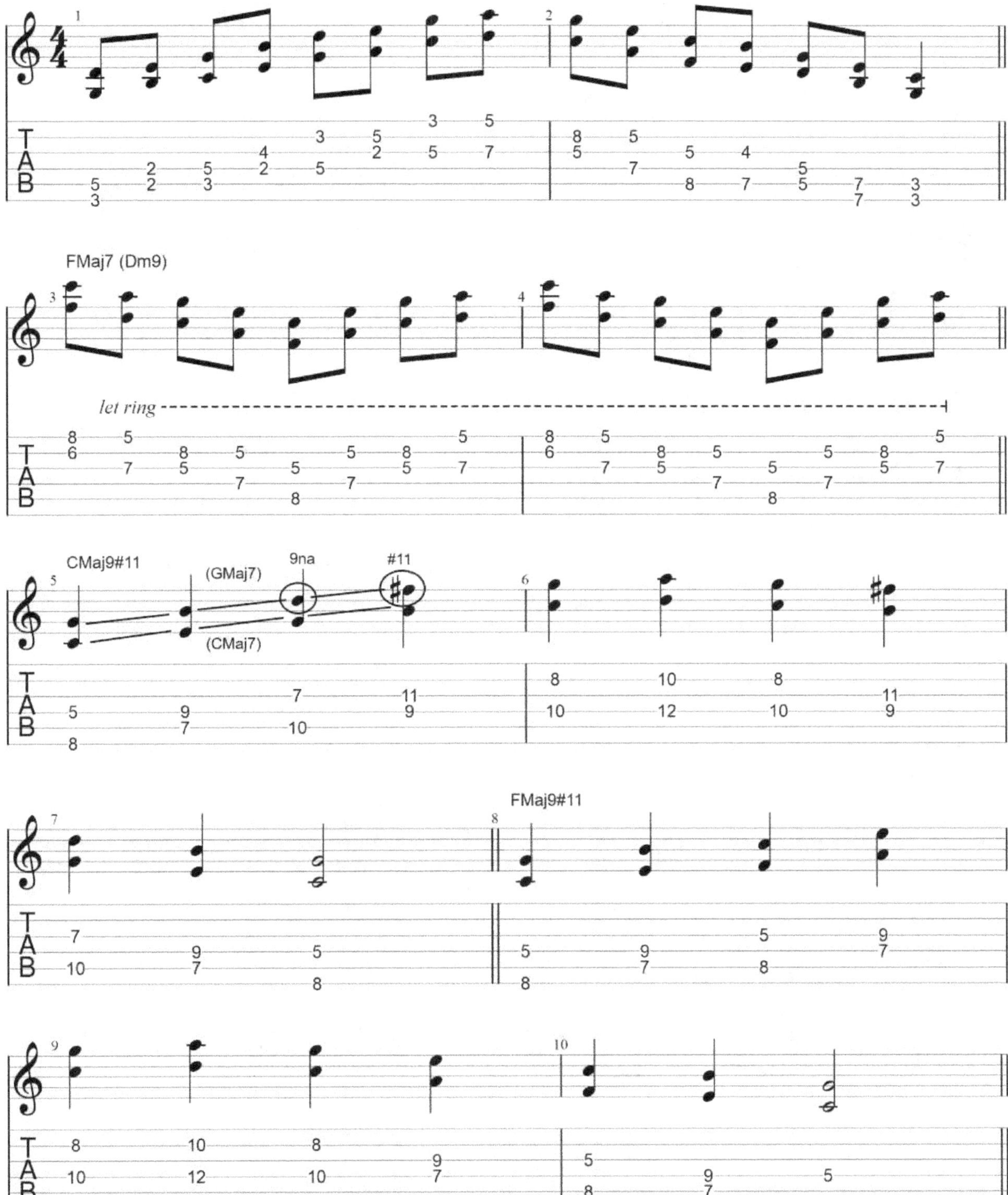

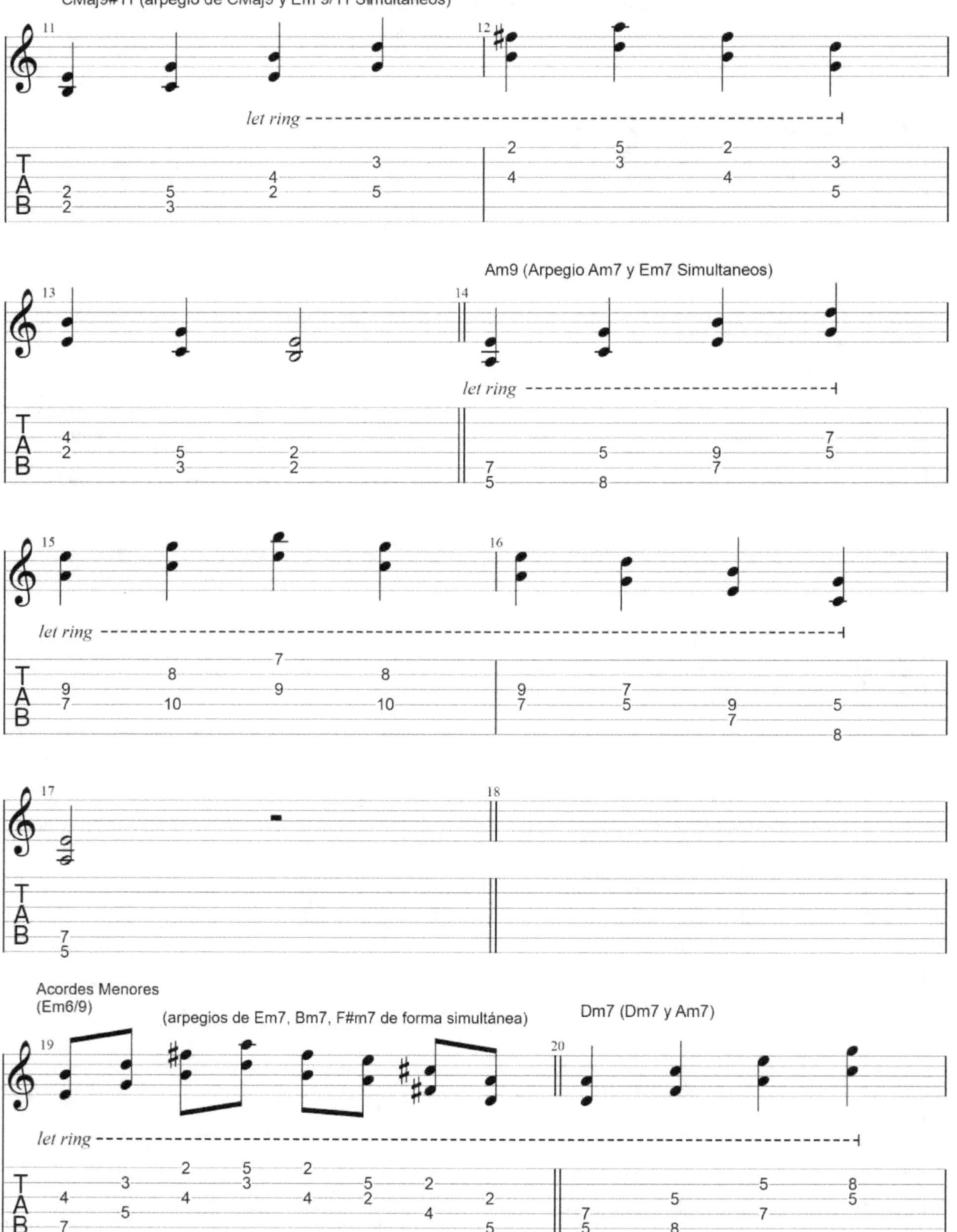

CMaj9#11 (arpegio de CMaj9 y Em 9/11 Simultaneos)
let ring
Am9 (Arpegio Am7 y Em7 Simultaneos)
let ring
let ring
Acordes Menores
(Em6/9)
(arpegios de Em7, Bm7, F#m7 de forma simultánea)
Dm7 (Dm7 y Am7)
let ring

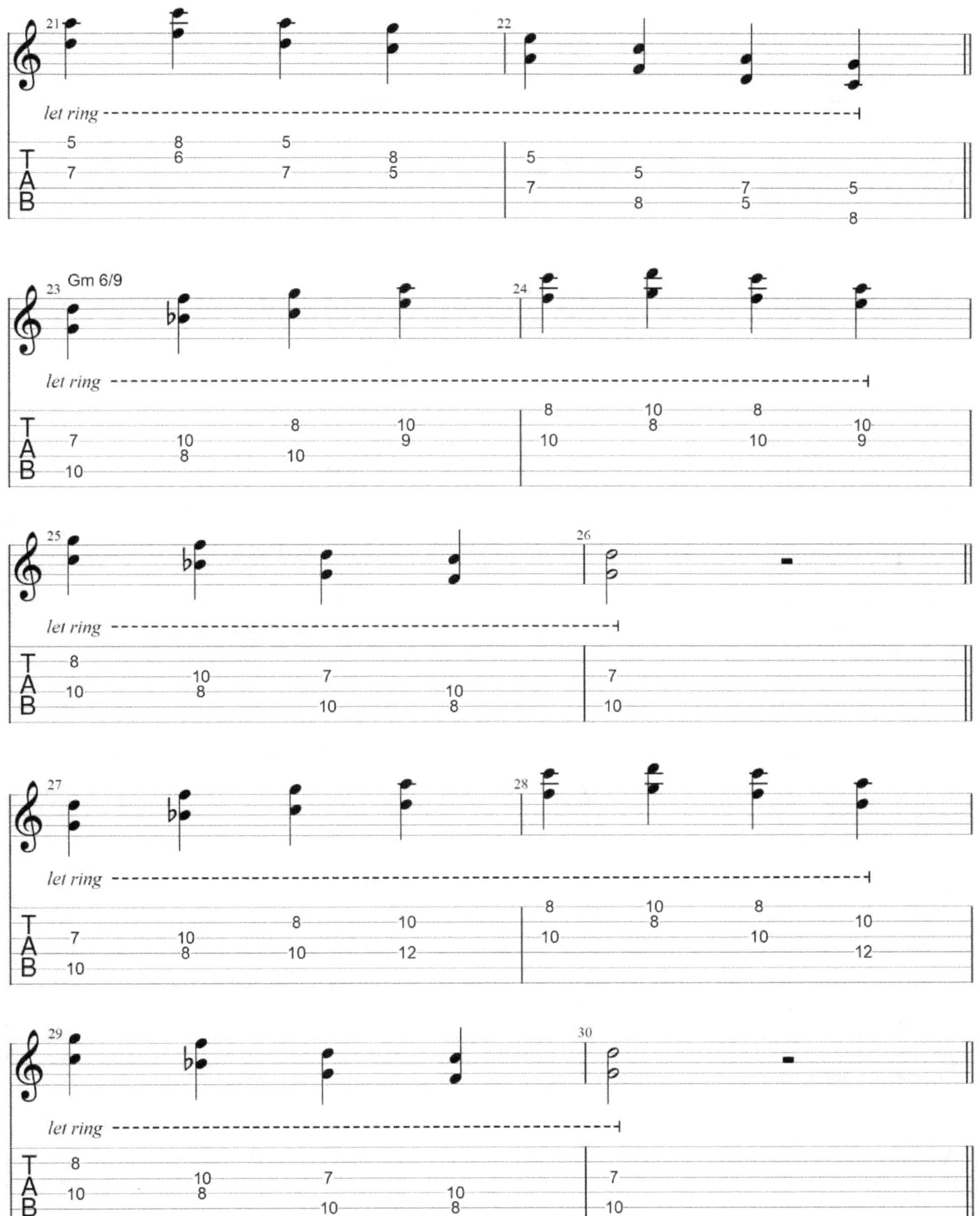

let ring
Gm 6/9
7

Estructuras y Sonoridades Cuartales

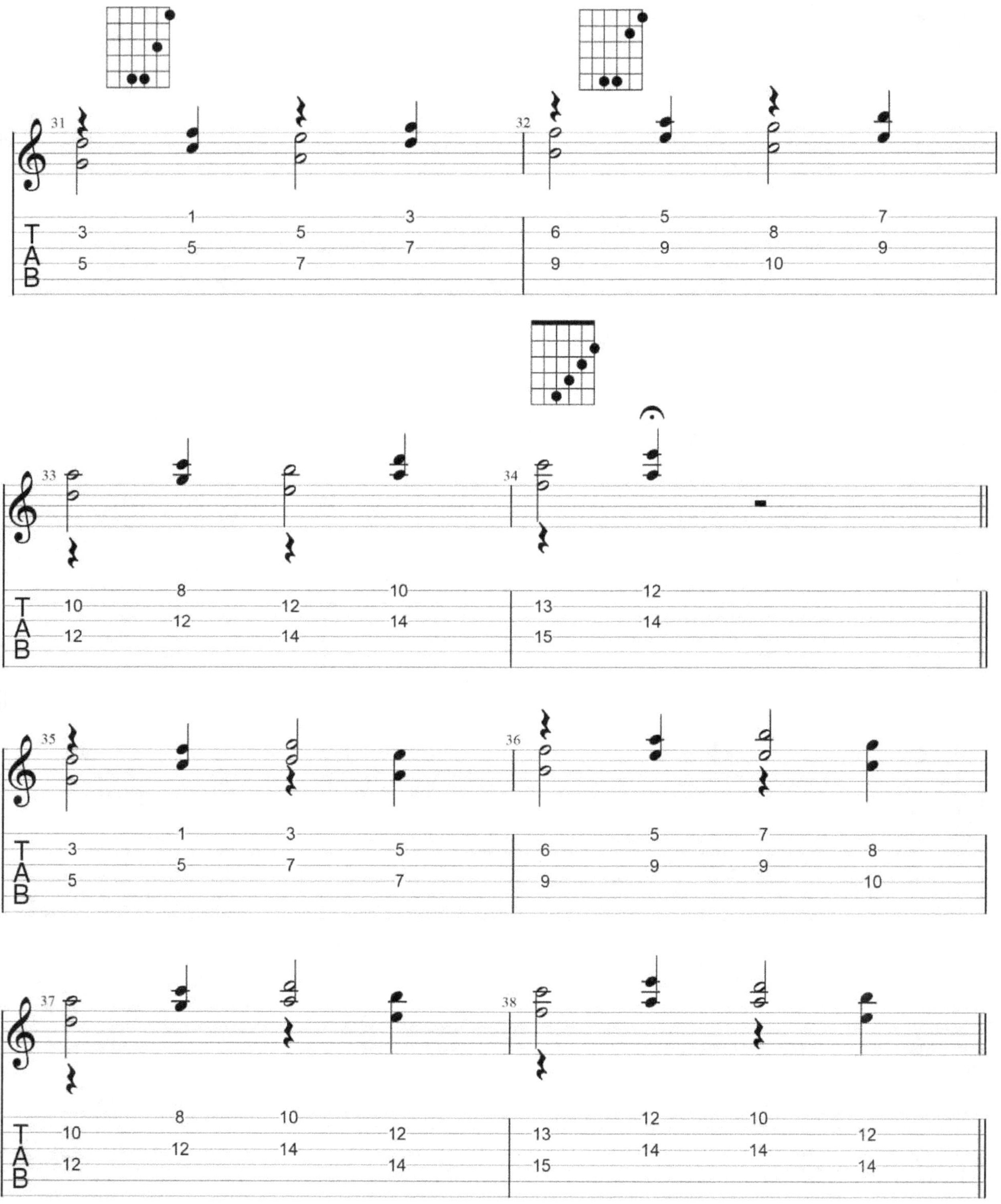

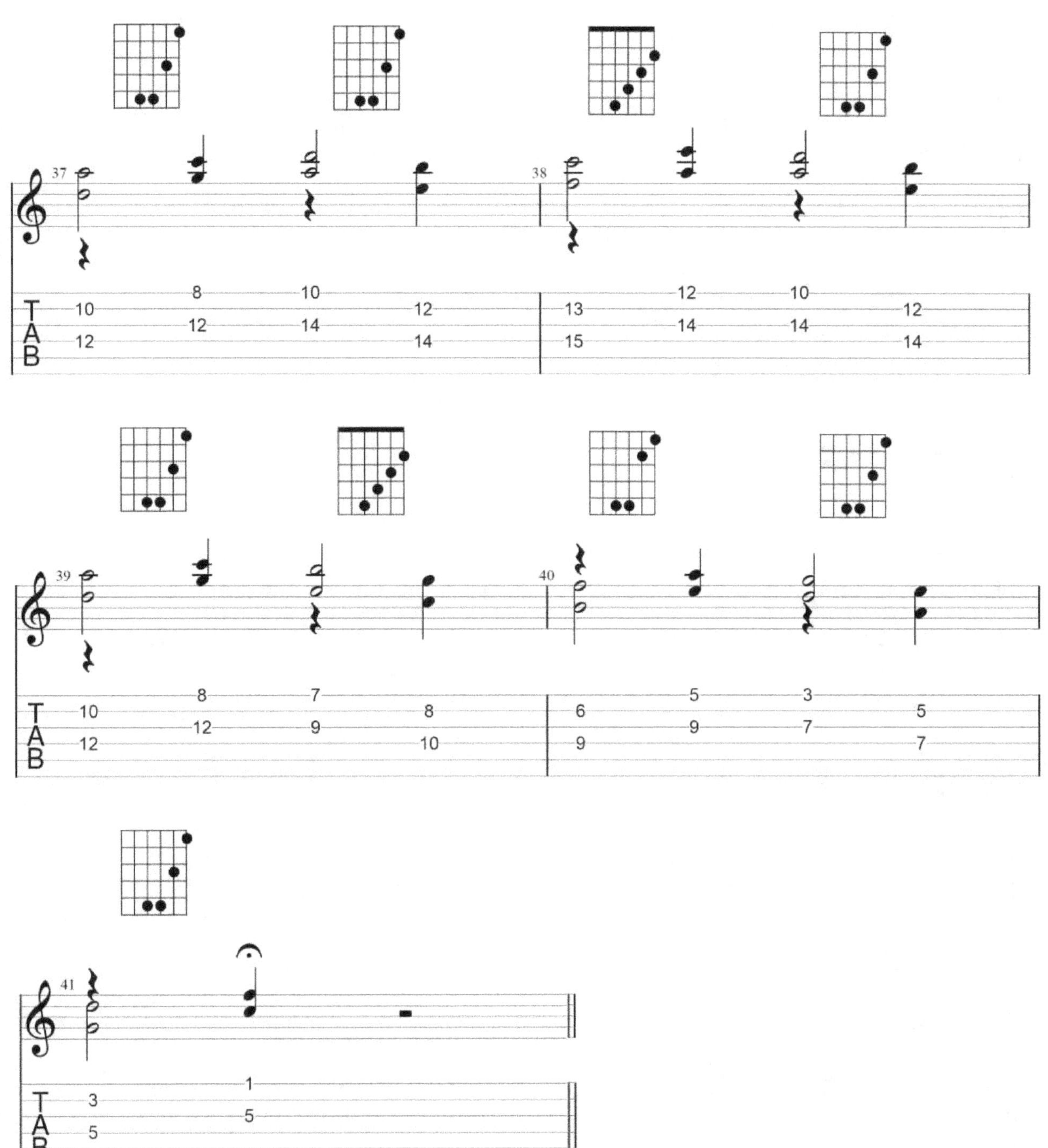

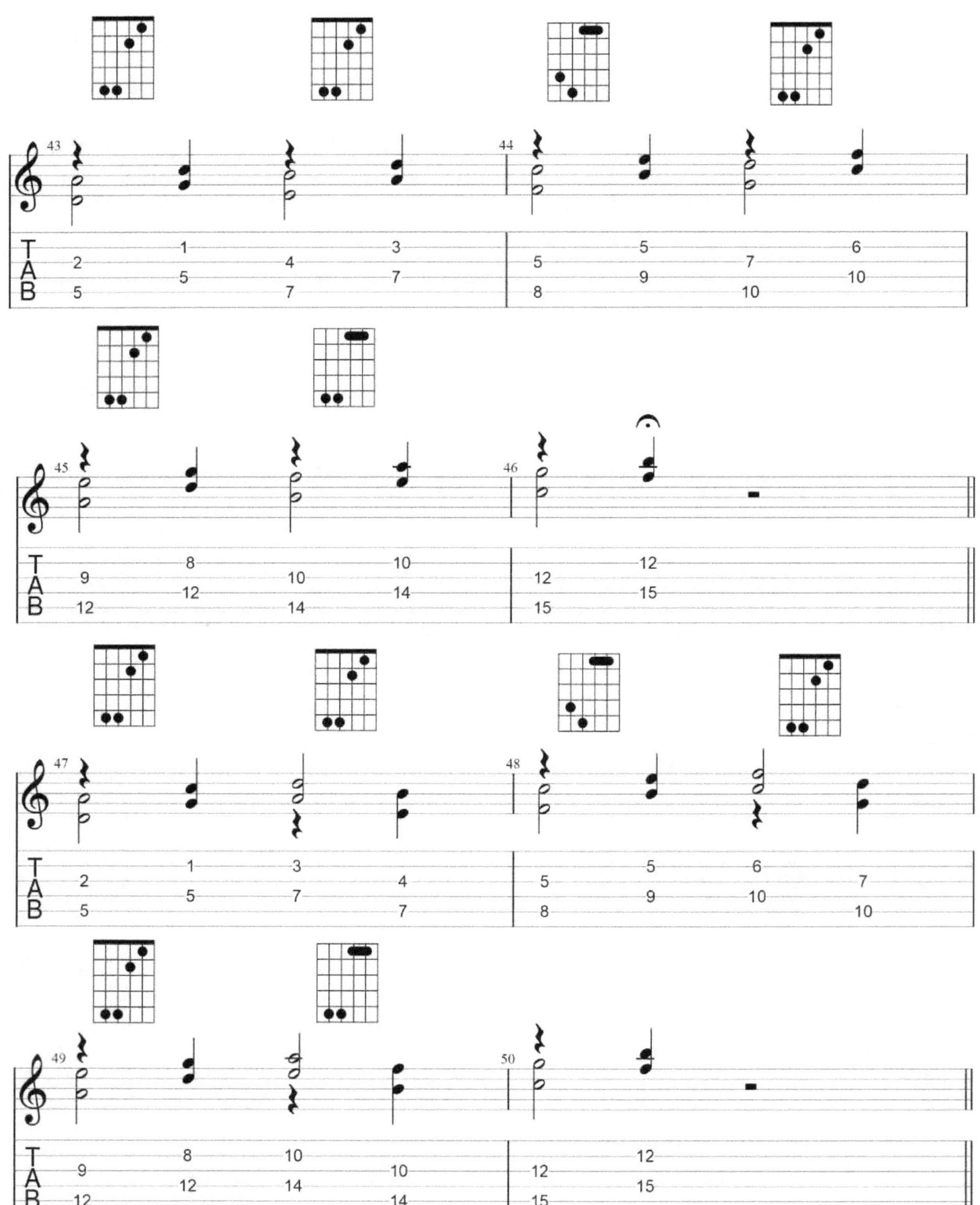

Aplicación sobre Acordes

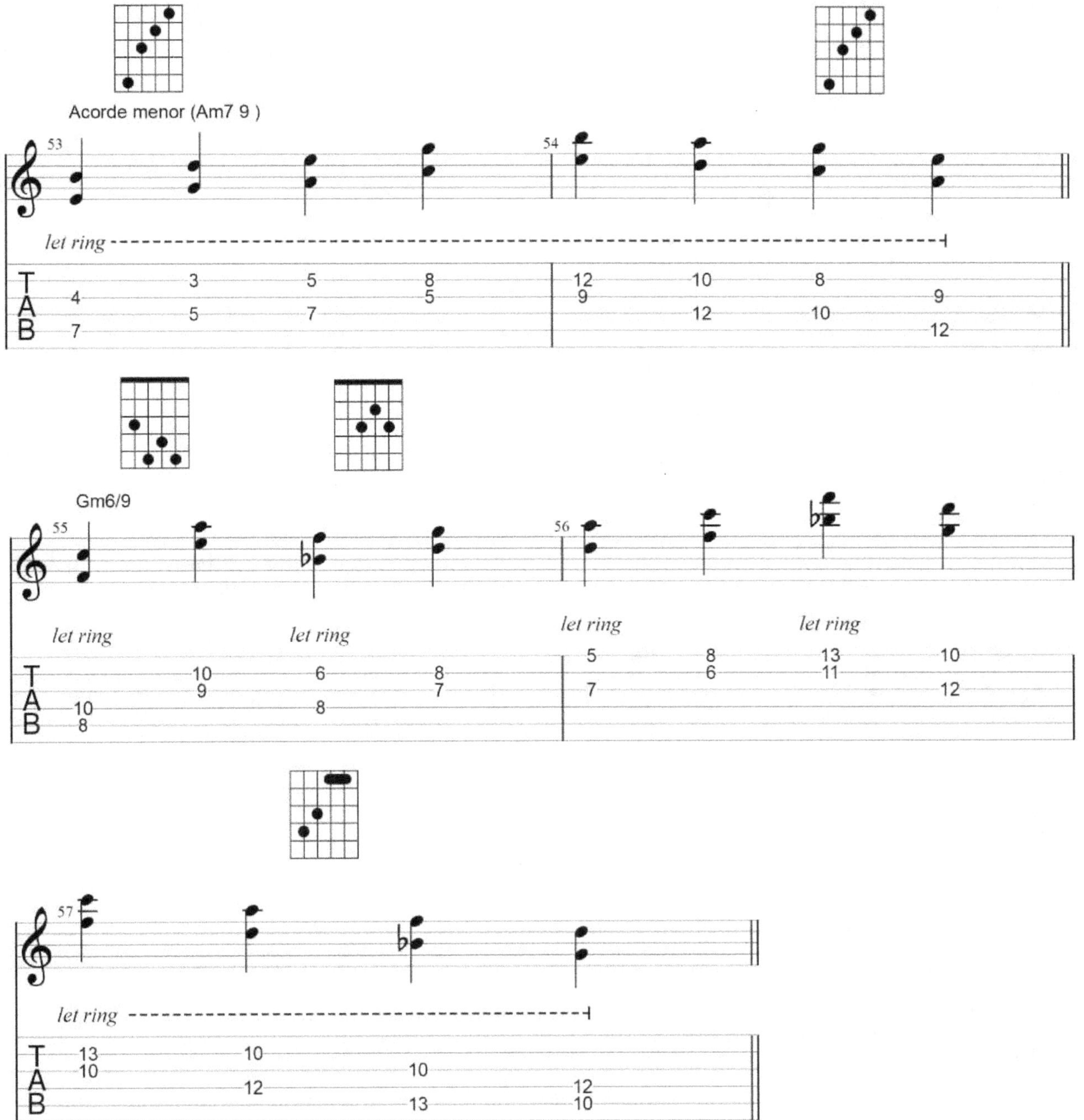

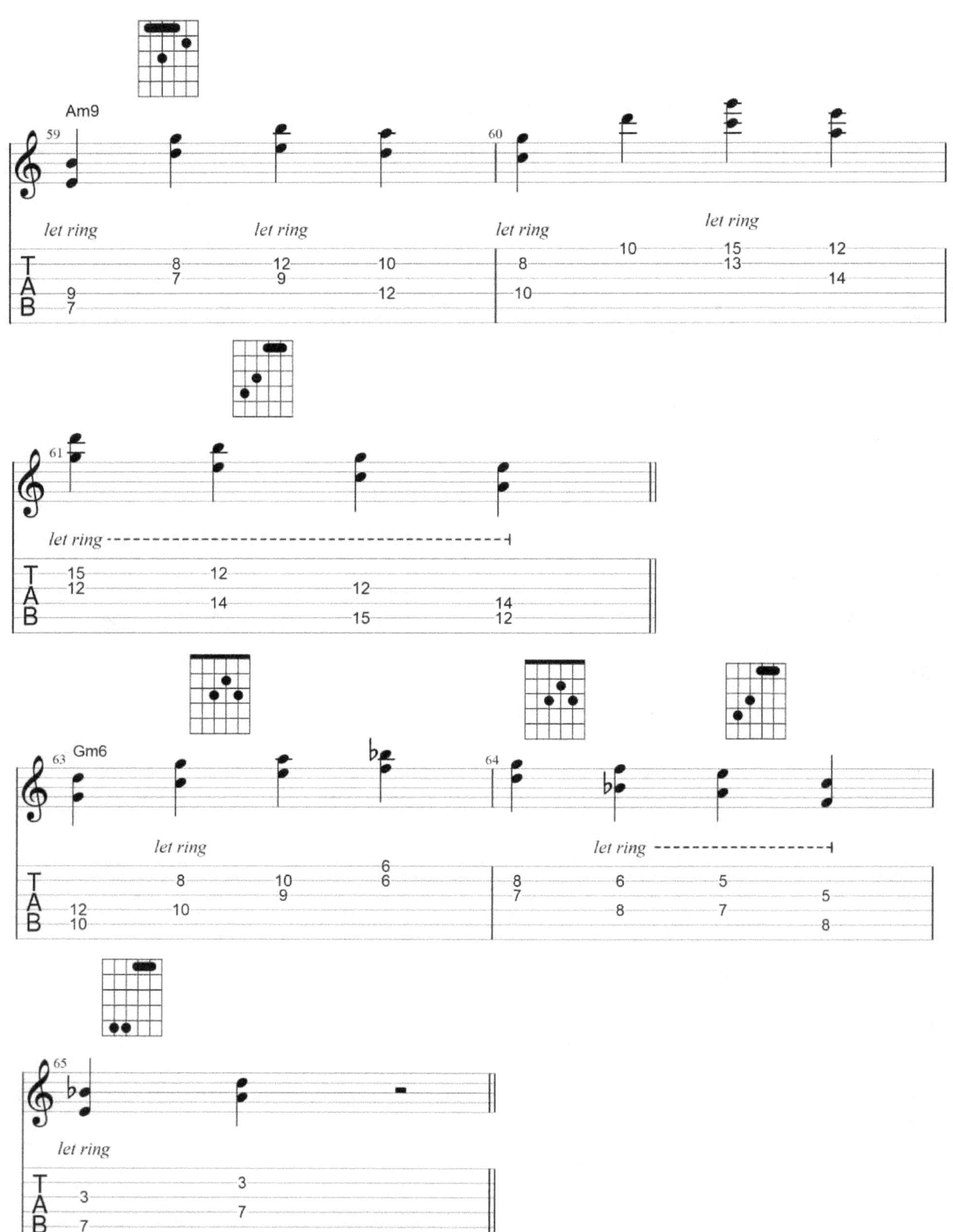

Am9
59
let ring
let ring
let ring
let ring
60
61
let ring
Gm6
63
let ring
let ring
64
65
let ring
12

Sonoridades Cuartales y Quintales

(relacionados con triadas)

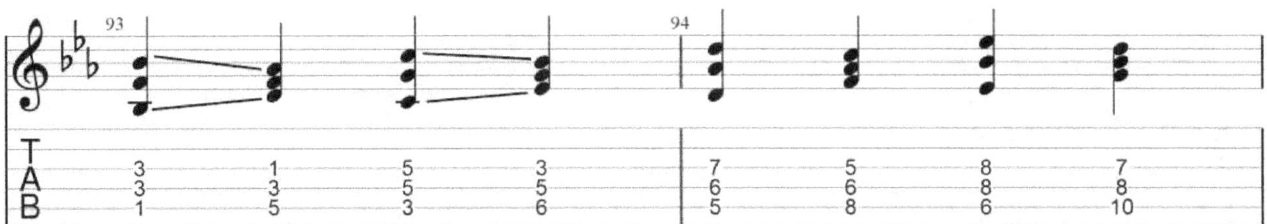

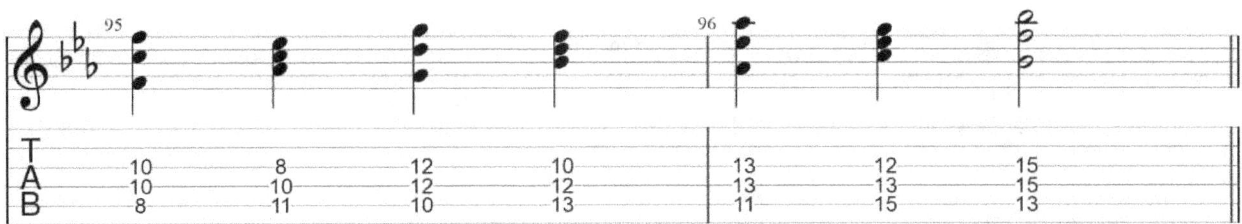

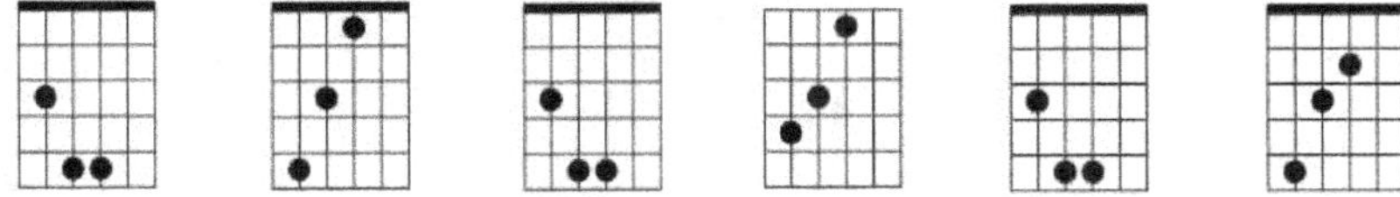

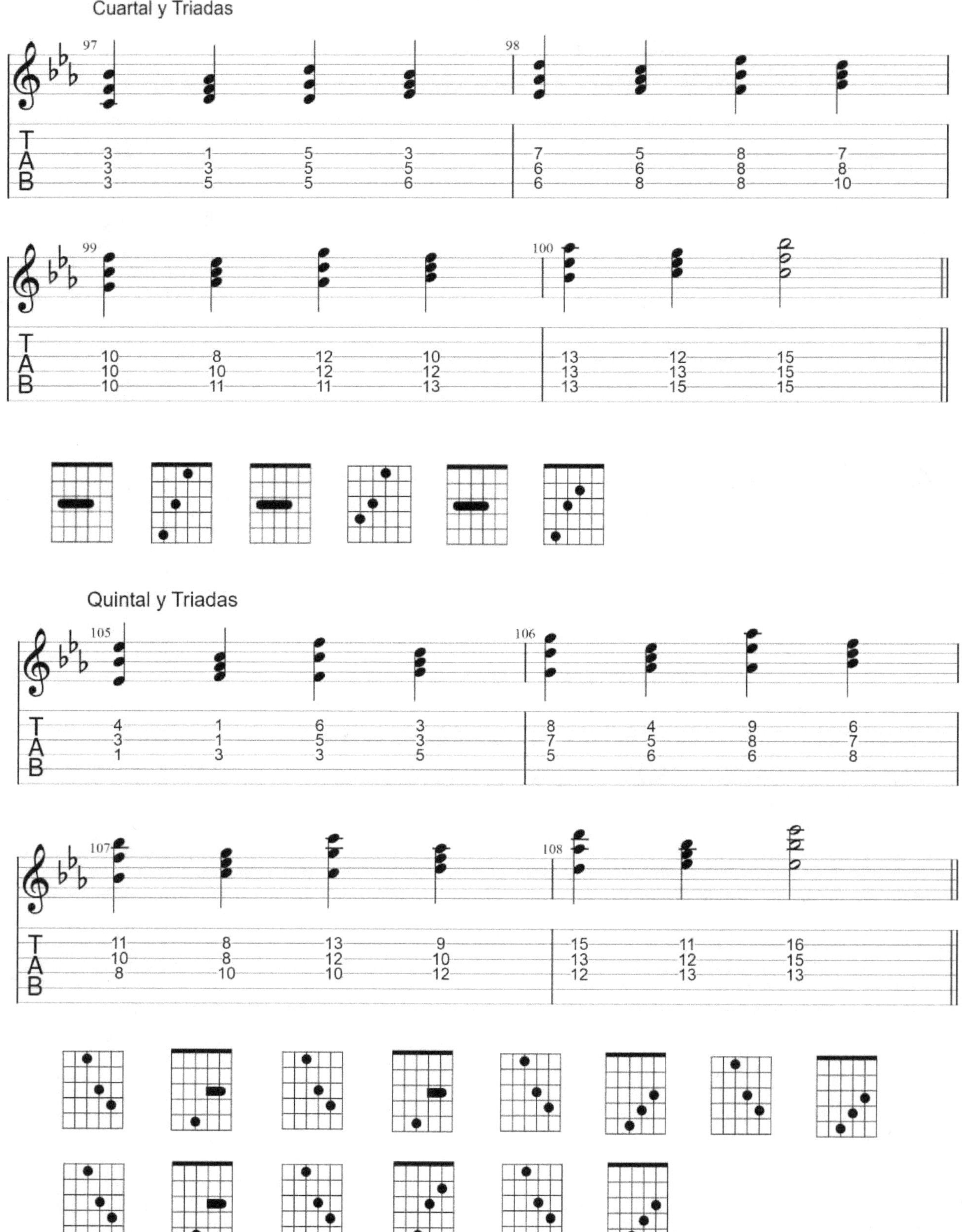

Cuartal y Triadas
Quintal y Triadas

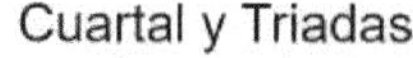

Cuartal y Triadas

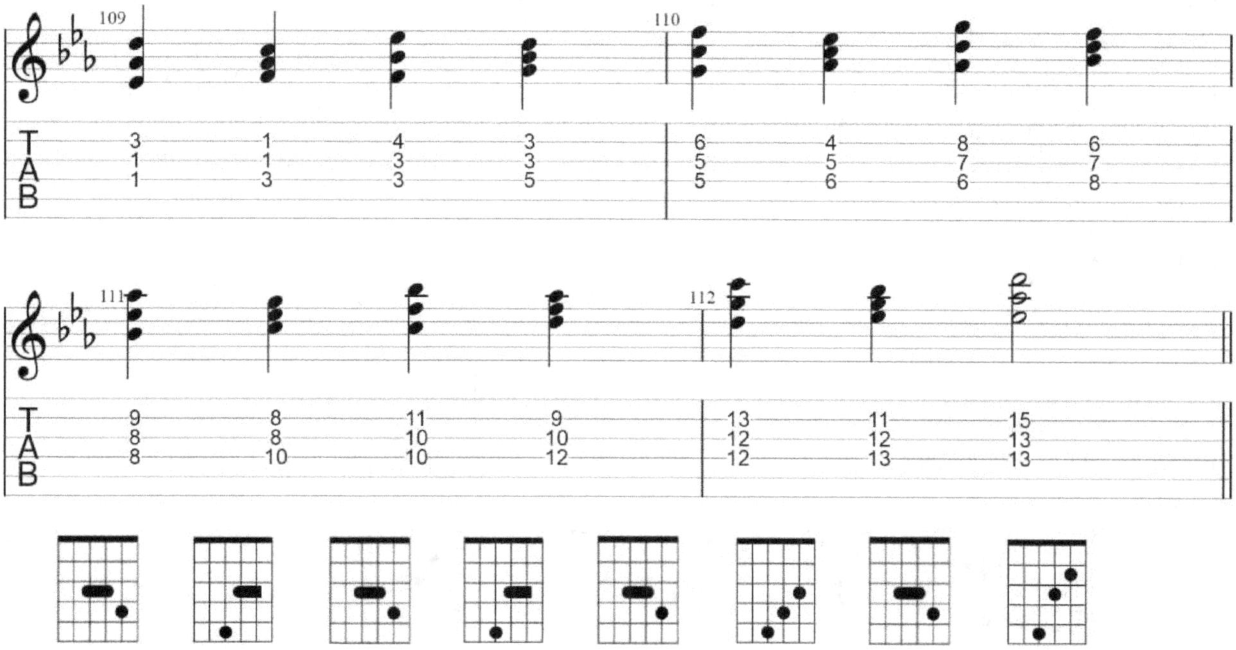

Quintal y Triadas

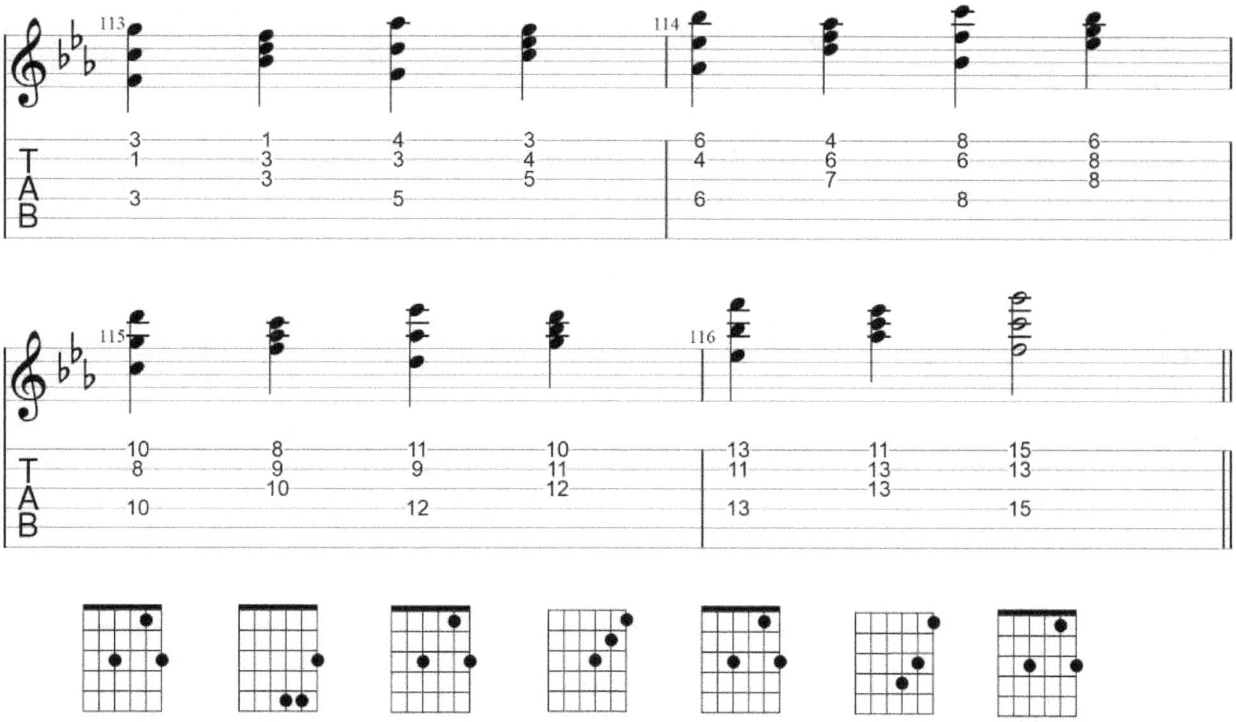

Cuartales y Quintales

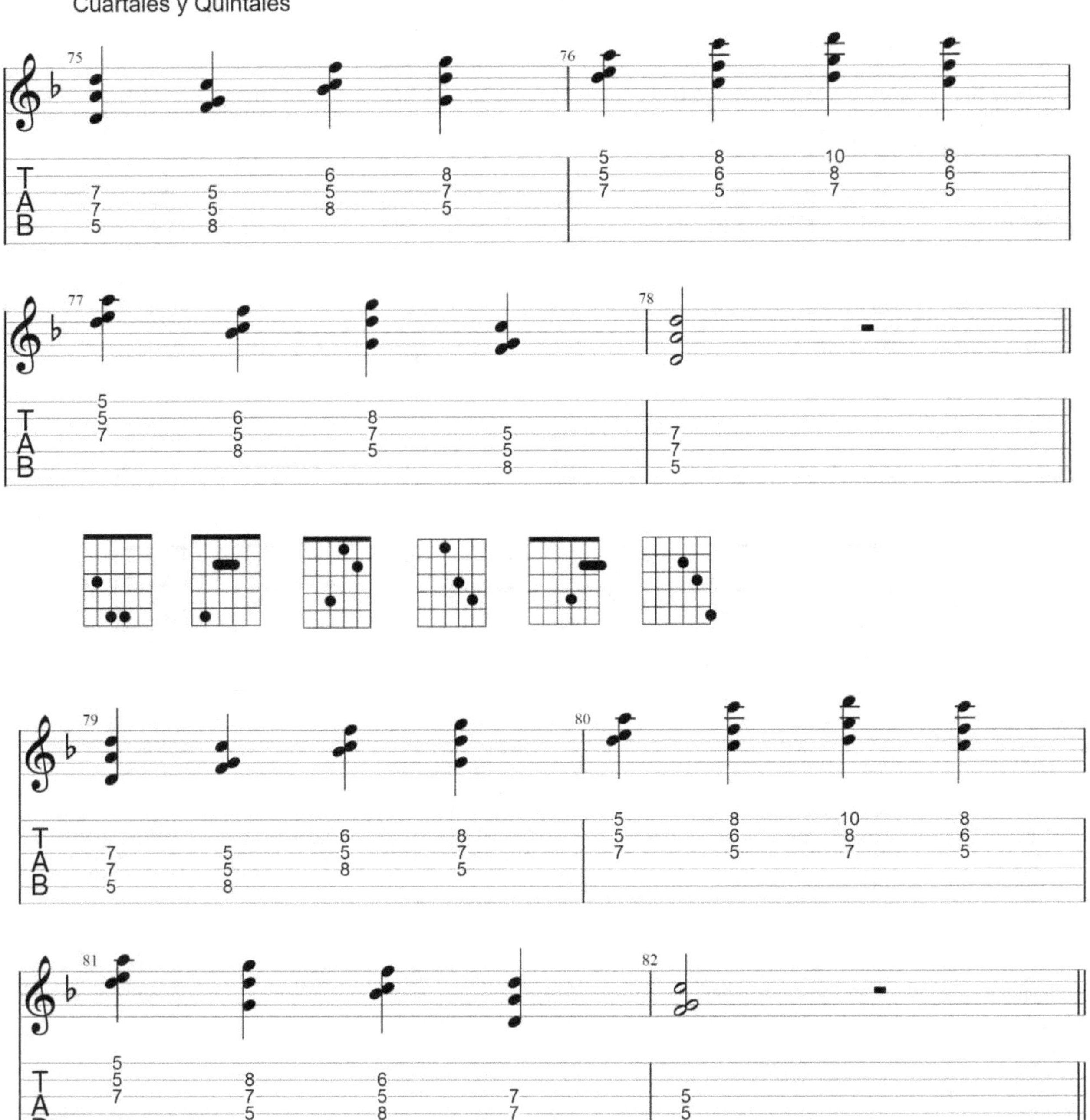

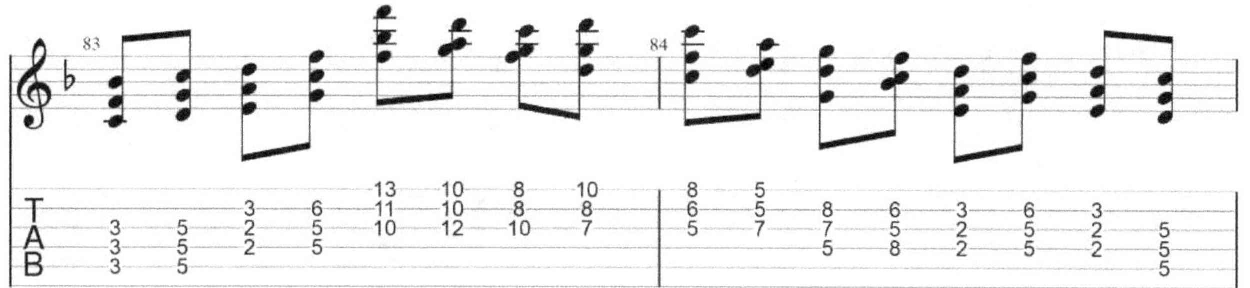

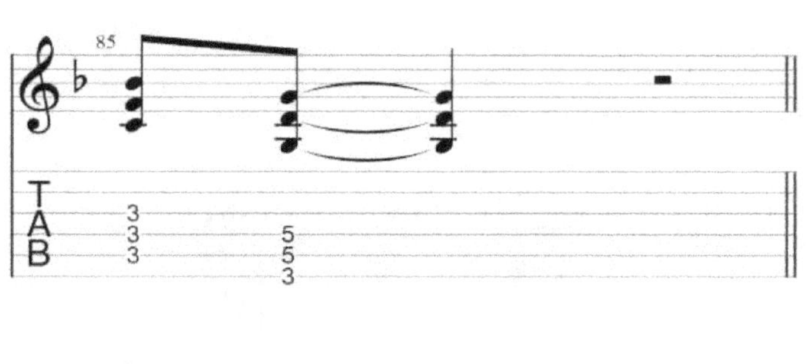

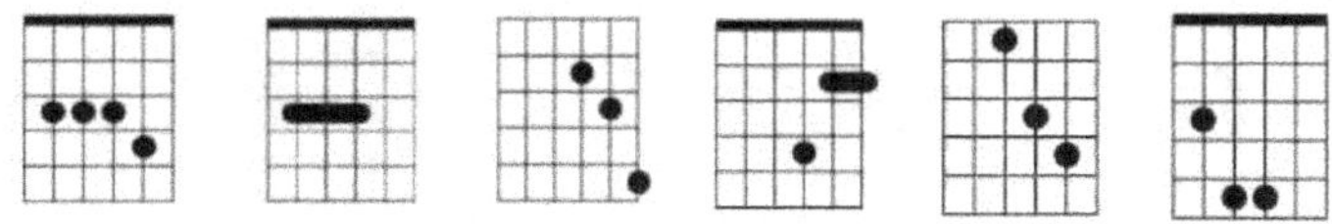

Generación de sonidos Cuartales y Quintales por medio
de Estructuras de Acordes

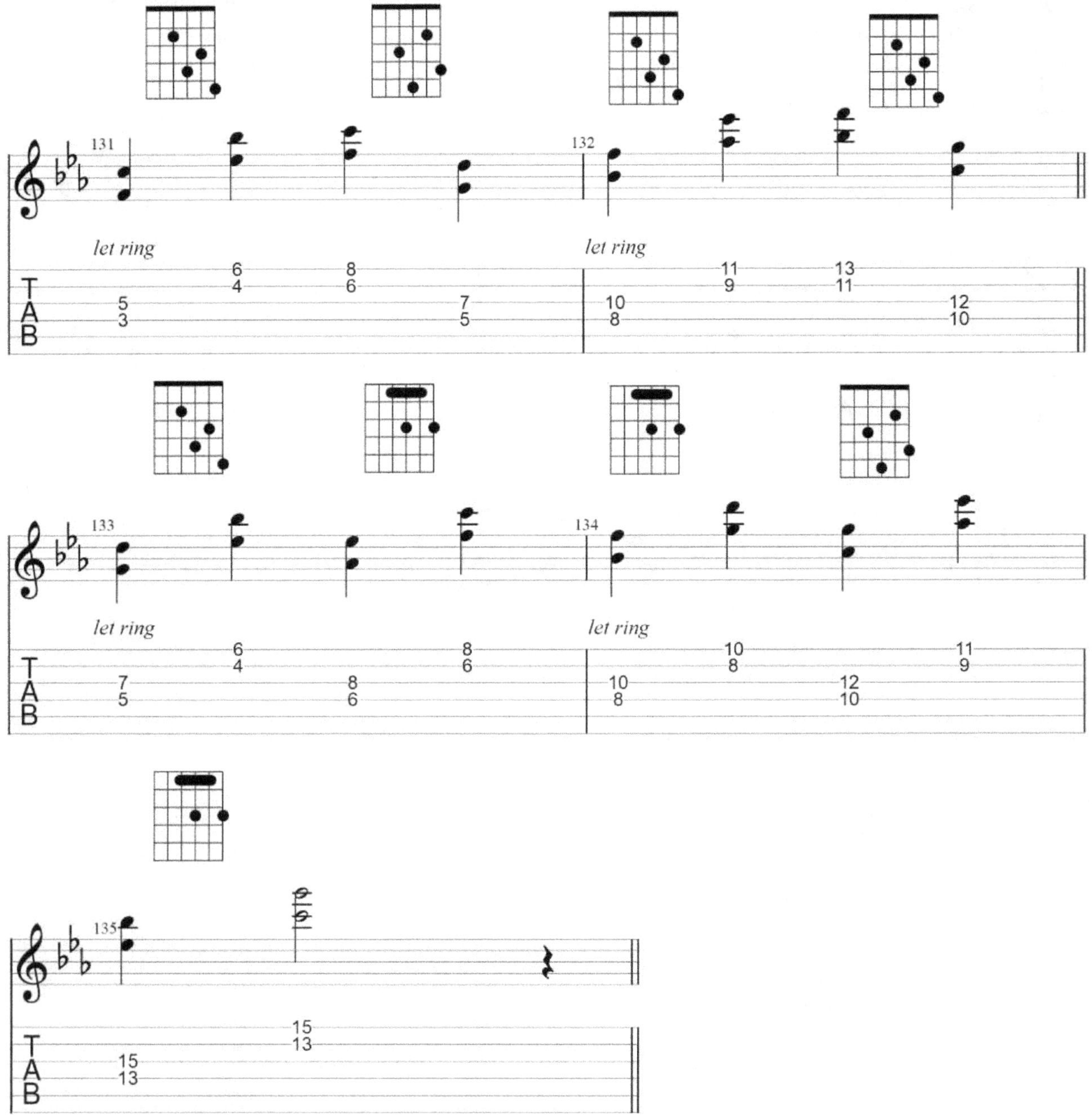

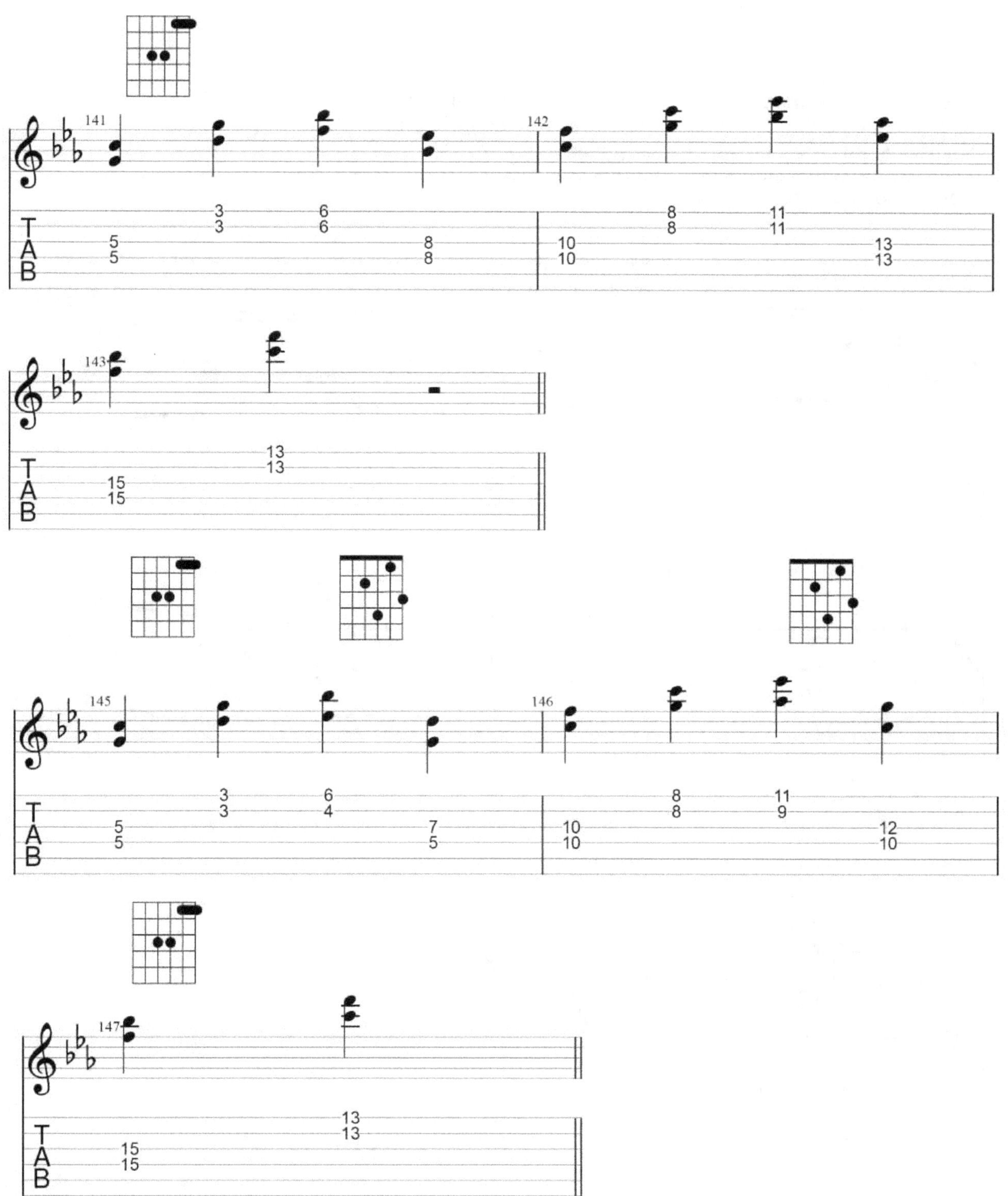

La Tumba de Coperin

(Maurice Ravel)

Este es un fragmento de la hermosa obra de Ravel donde analizaremos algunas posibilidades y usos de sonoridades Cuartales, en este caso en el acompañamiento de las diversas melodias generando algunos voicings que trabajamos con anterioridad.

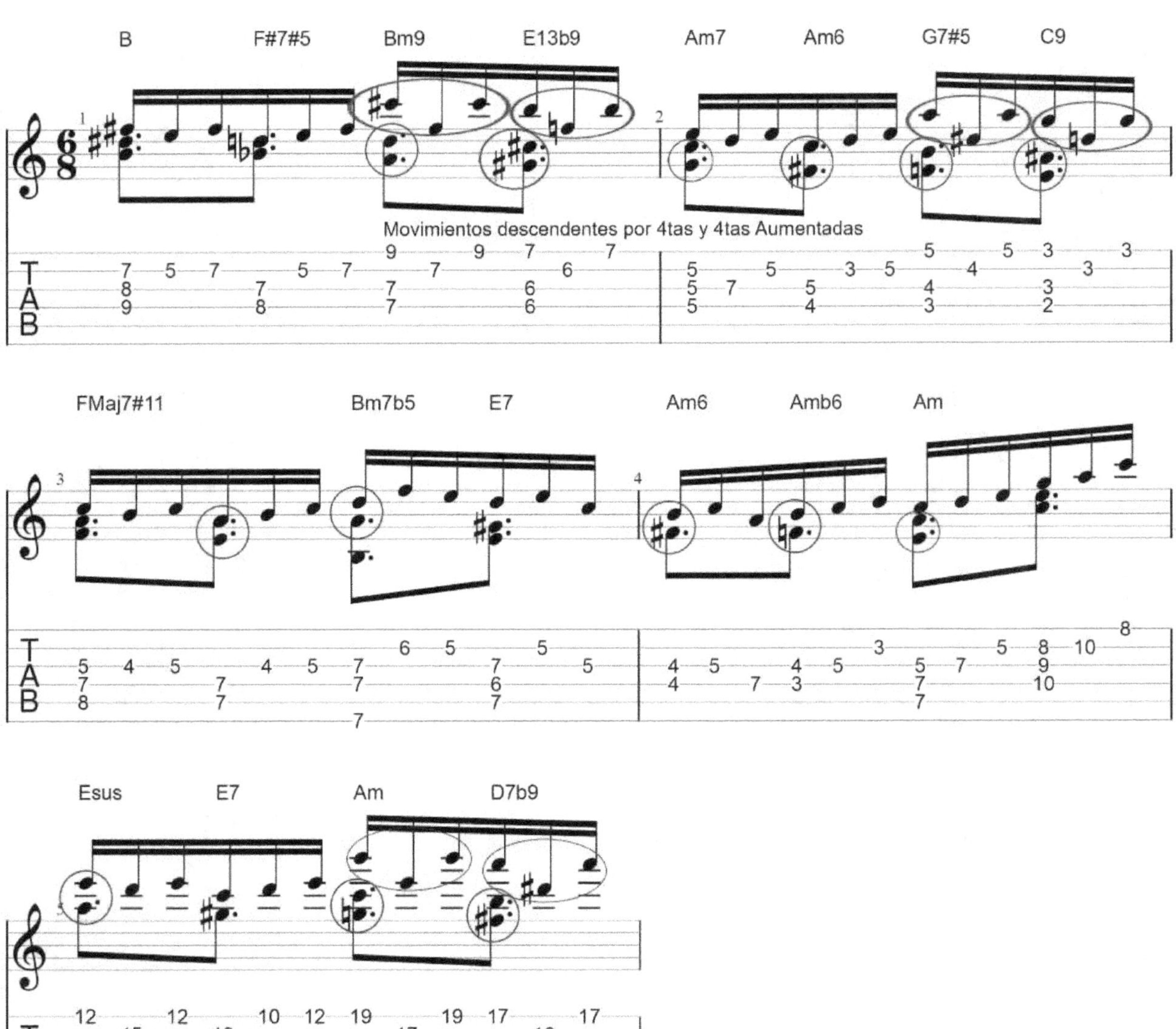

Movimientos Cuartales y Quintales, tanto en acompañamiento
como en melodías superiores. Se puede observar con claridad
una posibilidad de aplicación de estas sonoridades.

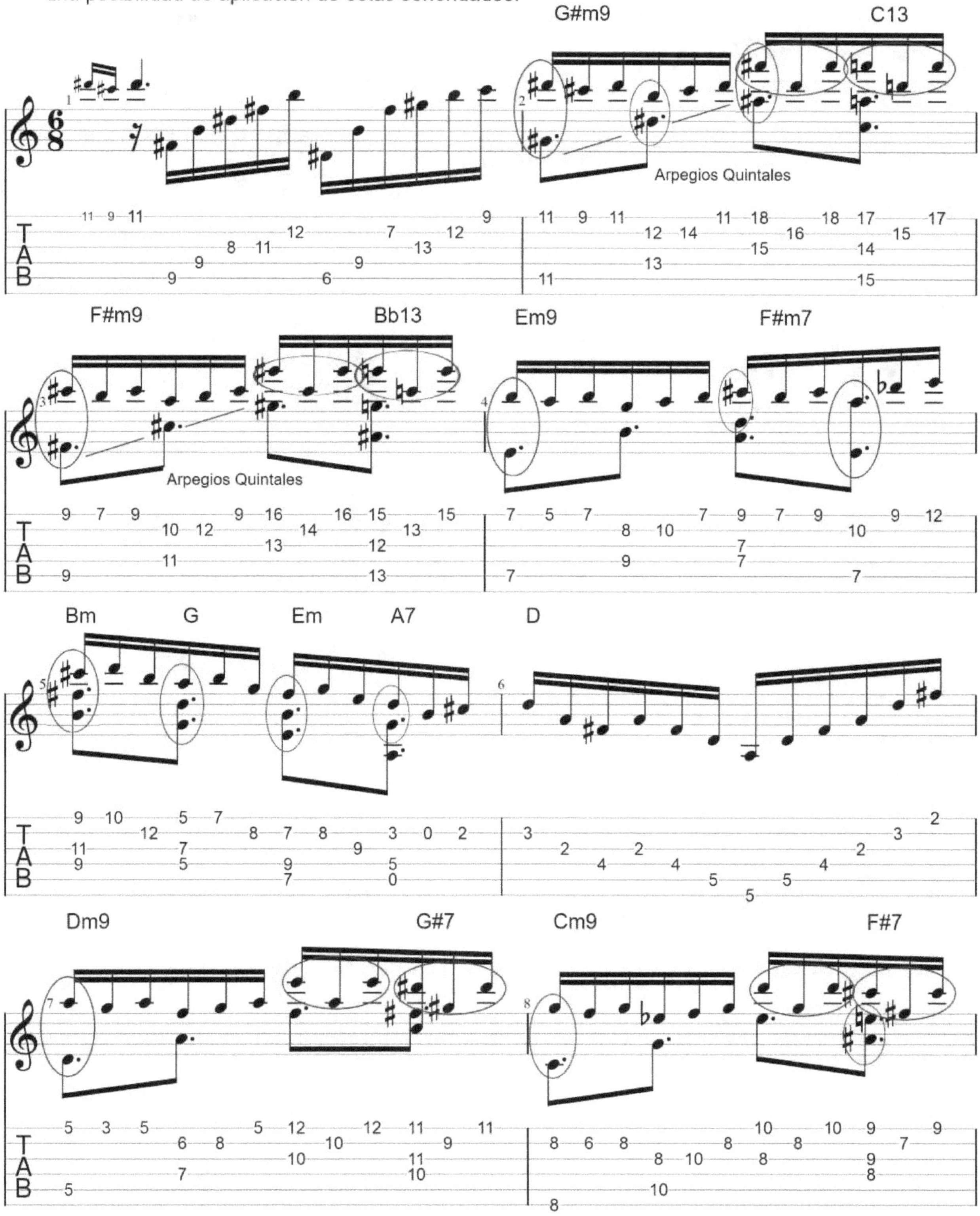

Acordes Cuartales y Quintales abiertos

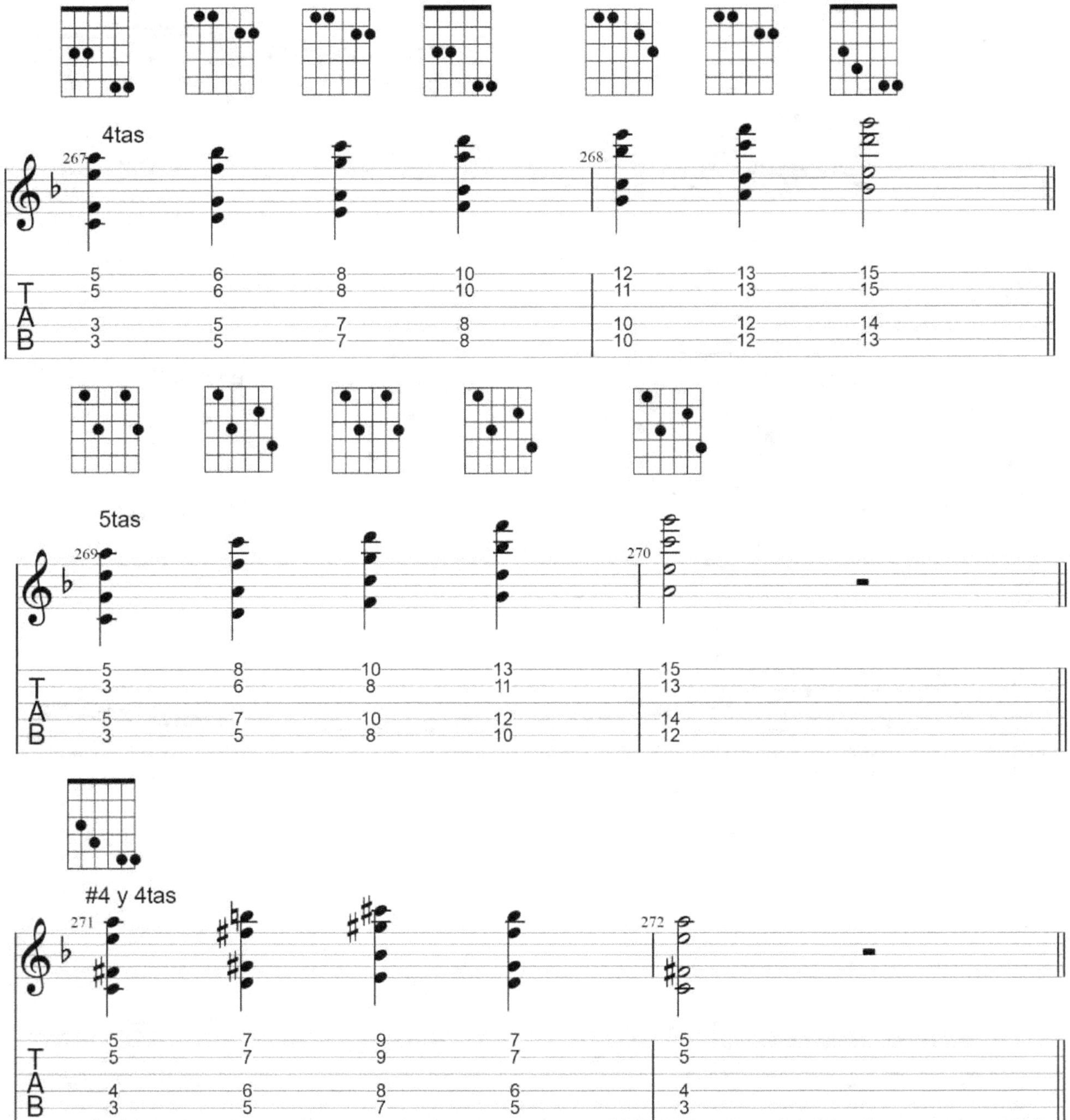

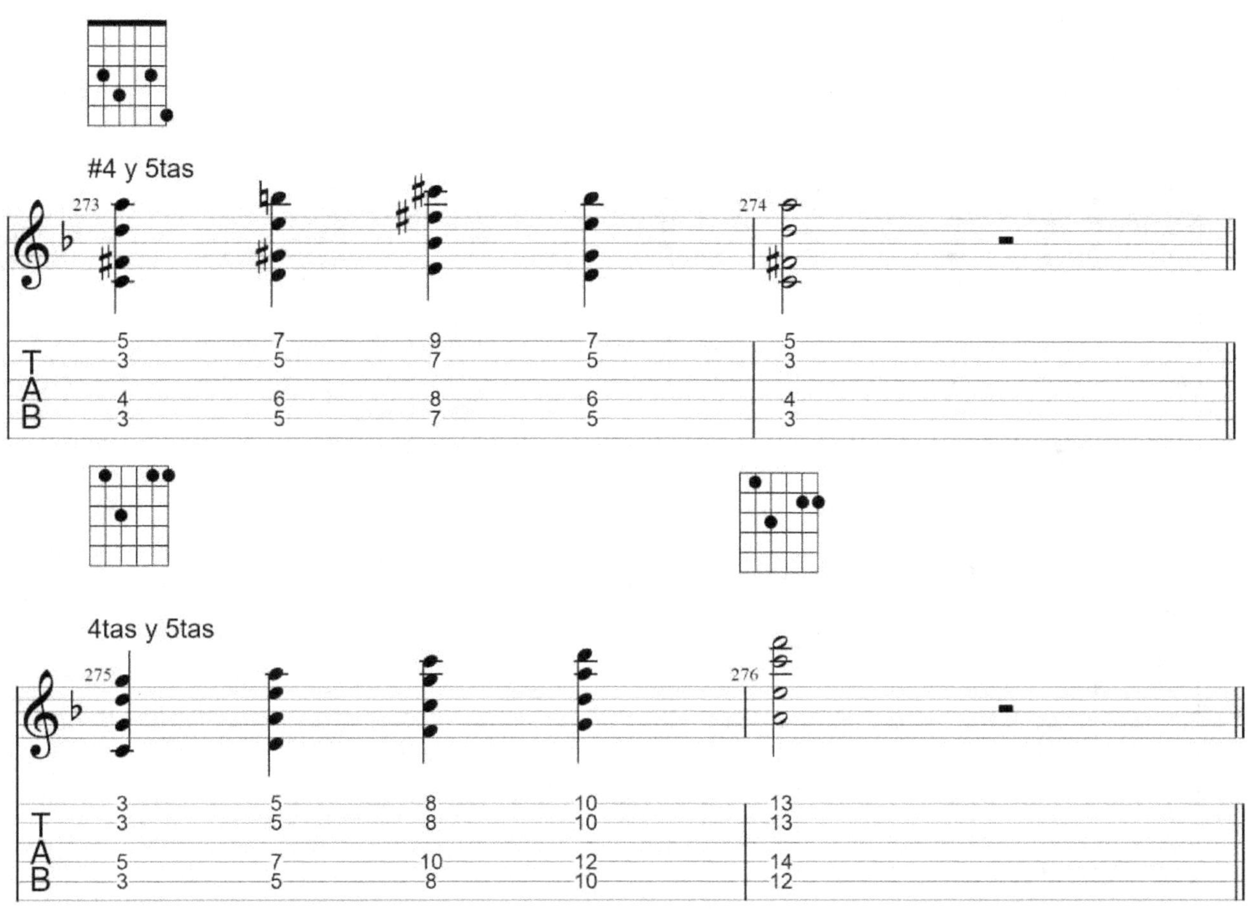

#4 y 5tas
273
274
4tas y 5tas
275
276

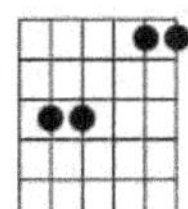

4tas Dupicadas

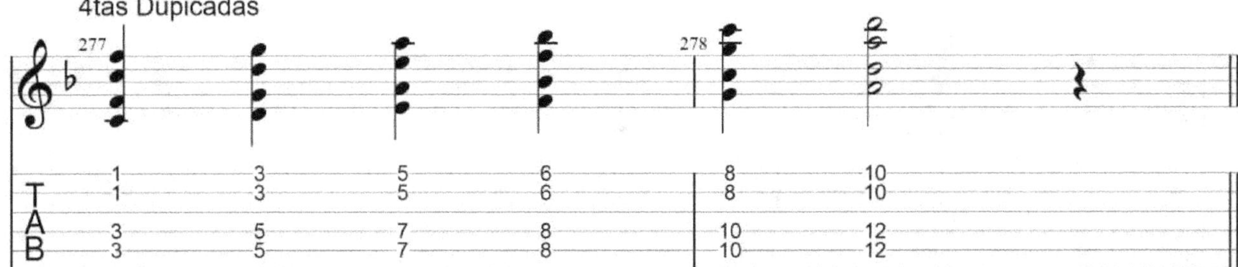

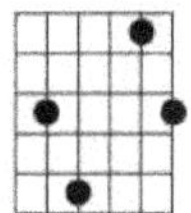

5tas Duplicadas

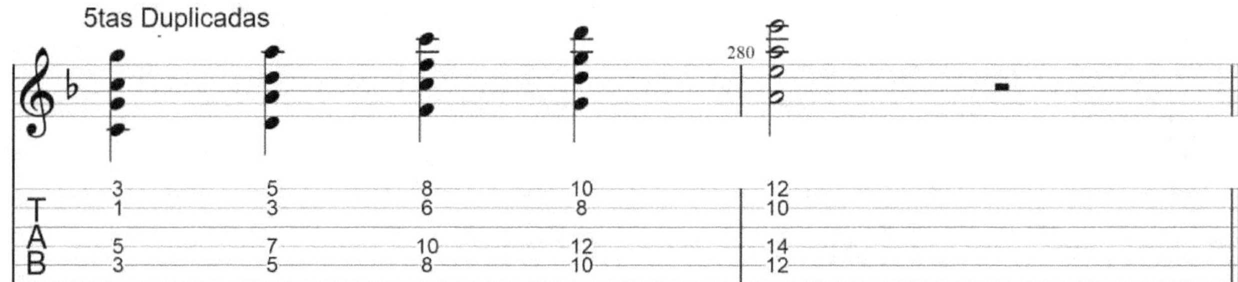

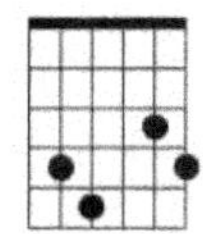

Acorde 7ma alterado

4tas aumentadas (generadas por dos 5tas superpuestas a un Semitono de distancia)

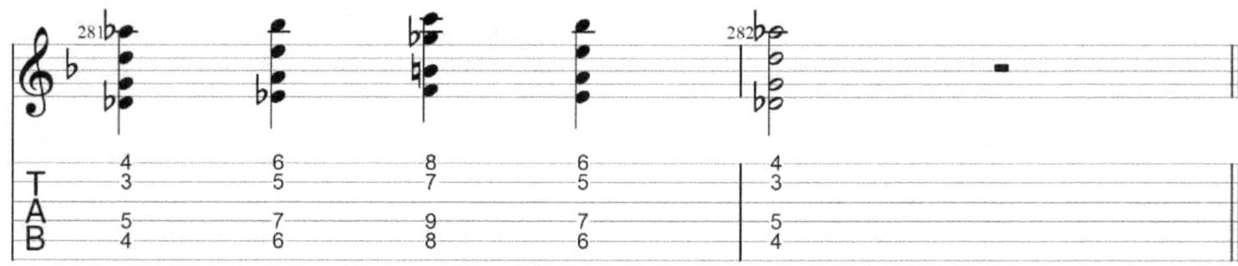

Escala Mayor con Acordes Cuartales y Quintales

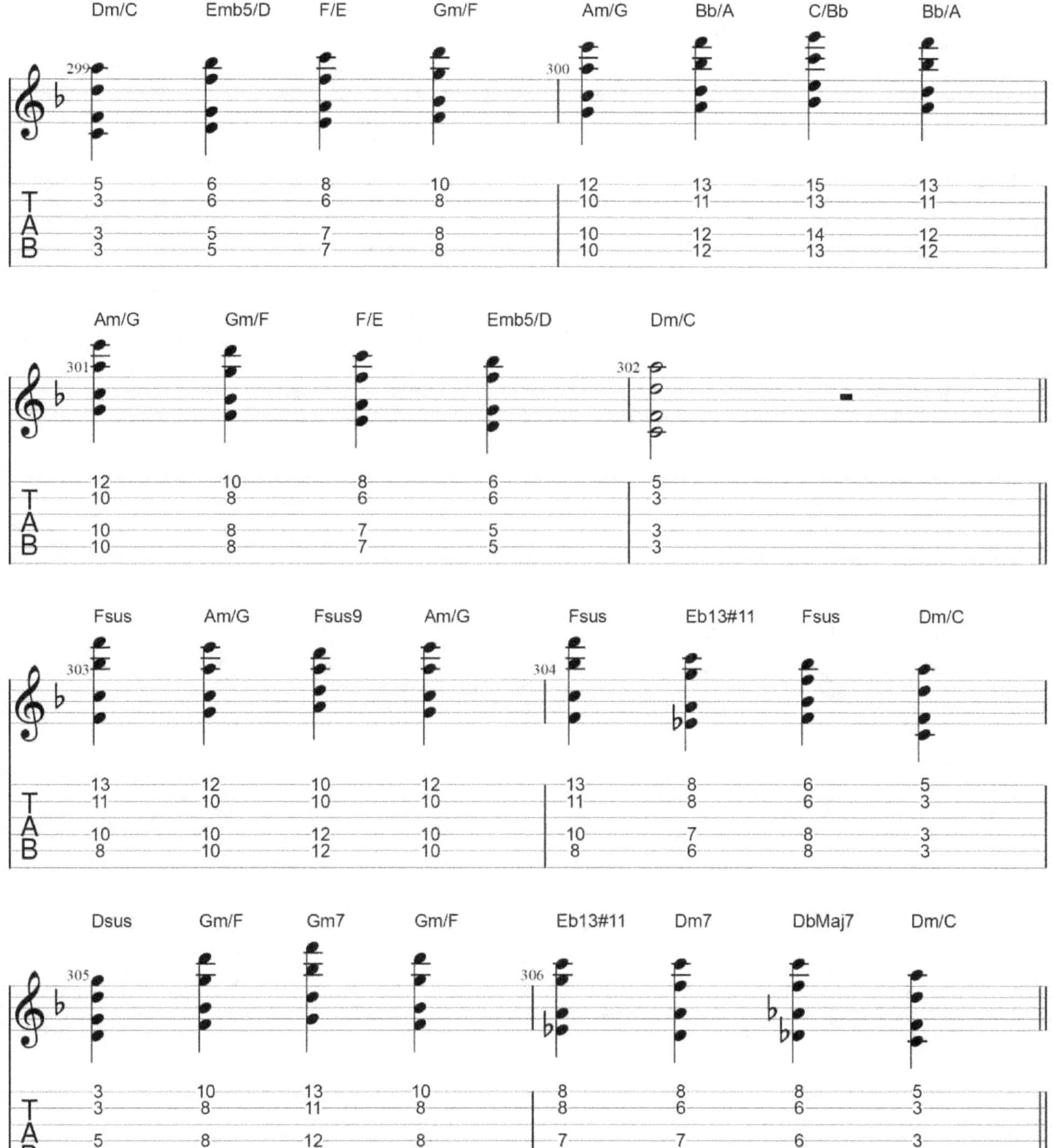

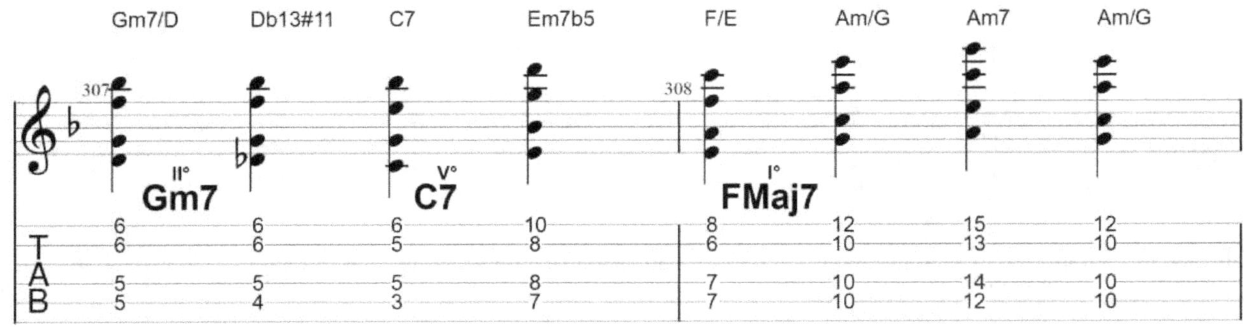

Gm7/D   Db13#11   C7   Em7b5   F/E   Am/G   Am7   Am/G
307
308
II°
Gm7
V°
C7
I°
FMaj7
6 6
6 6
6 5
10 8
8 6
12 10
15 13
12 10
5 5
5 4
5 3
8 7
7 7
10 10
14 12
10 10

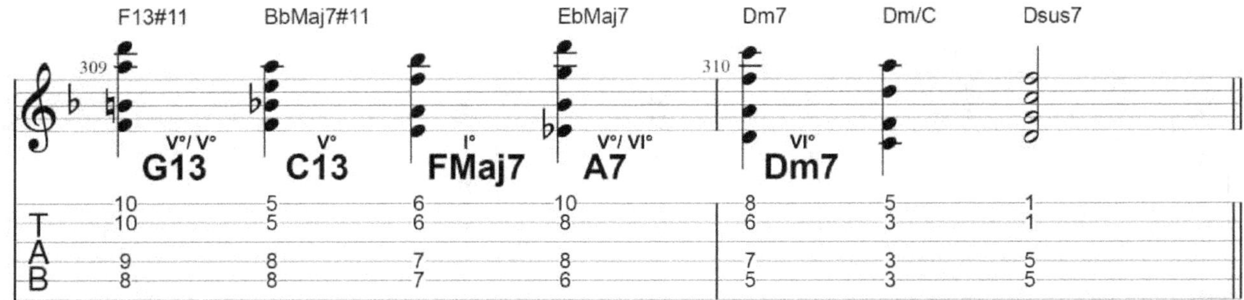

F13#11   BbMaj7#11   EbMaj7   Dm7   Dm/C   Dsus7
309
310
V°/ V°
G13
V°
C13
I°
FMaj7
V°/ VI°
A7
VI°
Dm7
10 10
5 5
6 6
10 8
8 6
5 3
1 1
9 8
8 8
7 7
8 6
7 5
3 3
5 5

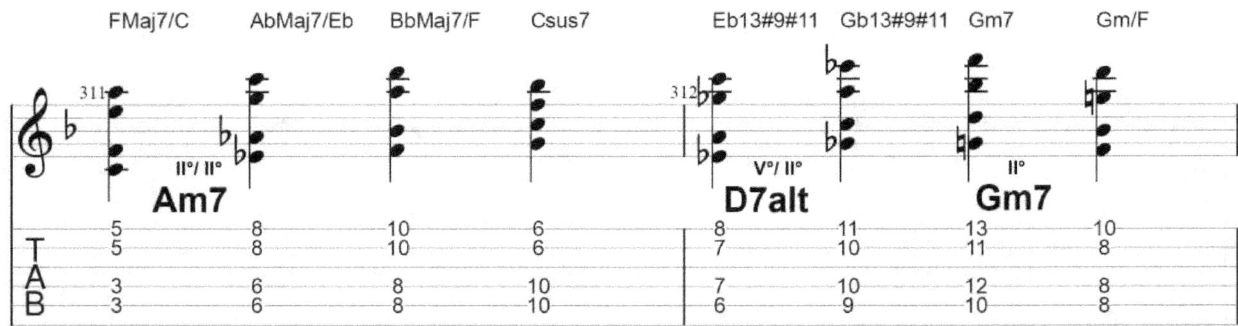

FMaj7/C   AbMaj7/Eb   BbMaj7/F   Csus7   Eb13#9#11   Gb13#9#11   Gm7   Gm/F
311
312
II°/ II°
Am7
V°/ II°
D7alt
II°
Gm7
5 5
8 8
10 10
6 6
8 7
11 10
13 11
10 8
3 3
6 6
8 8
10 10
7 6
10 9
12 10
8 8

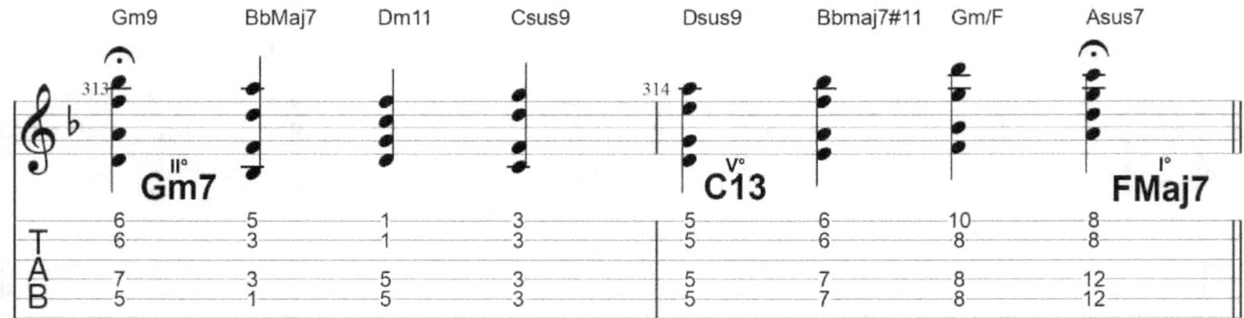

Gm9   BbMaj7   Dm11   Csus9   Dsus9   Bbmaj7#11   Gm/F   Asus7
313
314
II°
Gm7
V°
C13
I°
FMaj7
6 6
5 3
1 1
3 3
5 5
6 6
10 8
8 8
7 5
3 1
5 5
3 3
5 5
7 7
8 8
12 12

Cuartas aumentadas

Se mueve por la escala tonal   C7 D7 E7 F#7 G#7 Bb7

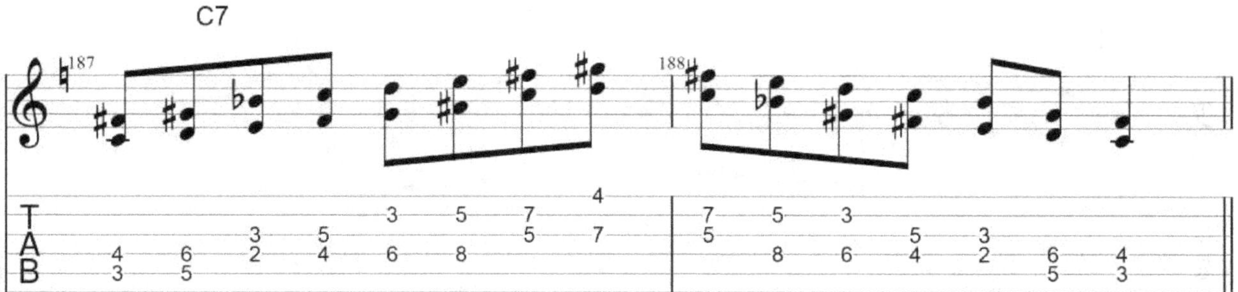

Se mueve por tonos y mantiene exactamente la misma Digitación

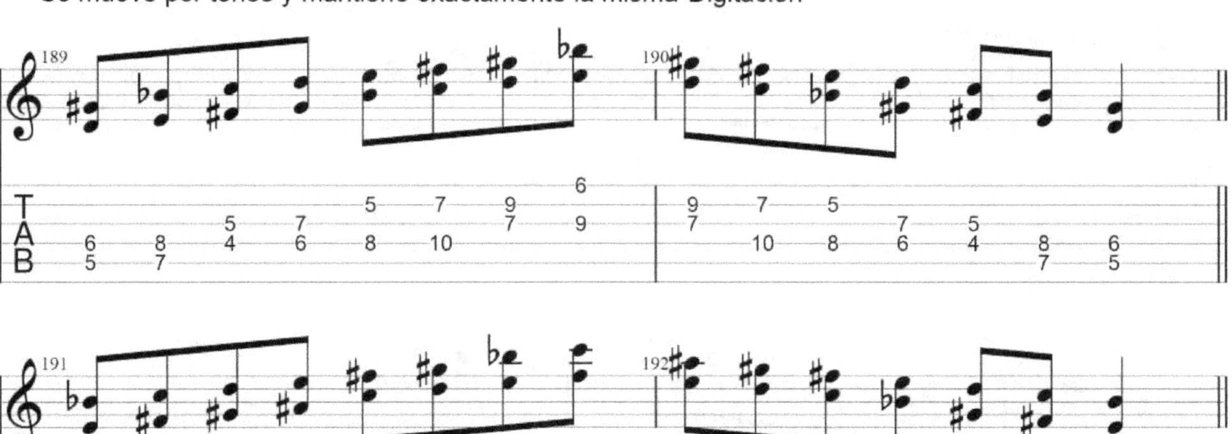

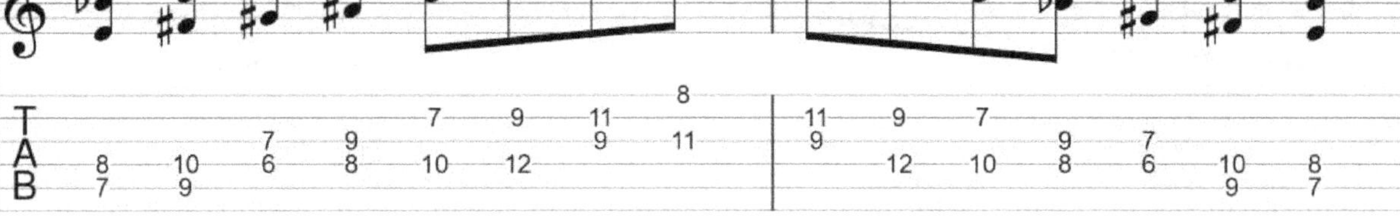

Cuartas aumentadas

Se mueve por Escala Tonal   Db7 Eb7 F7 G7 A7 B7

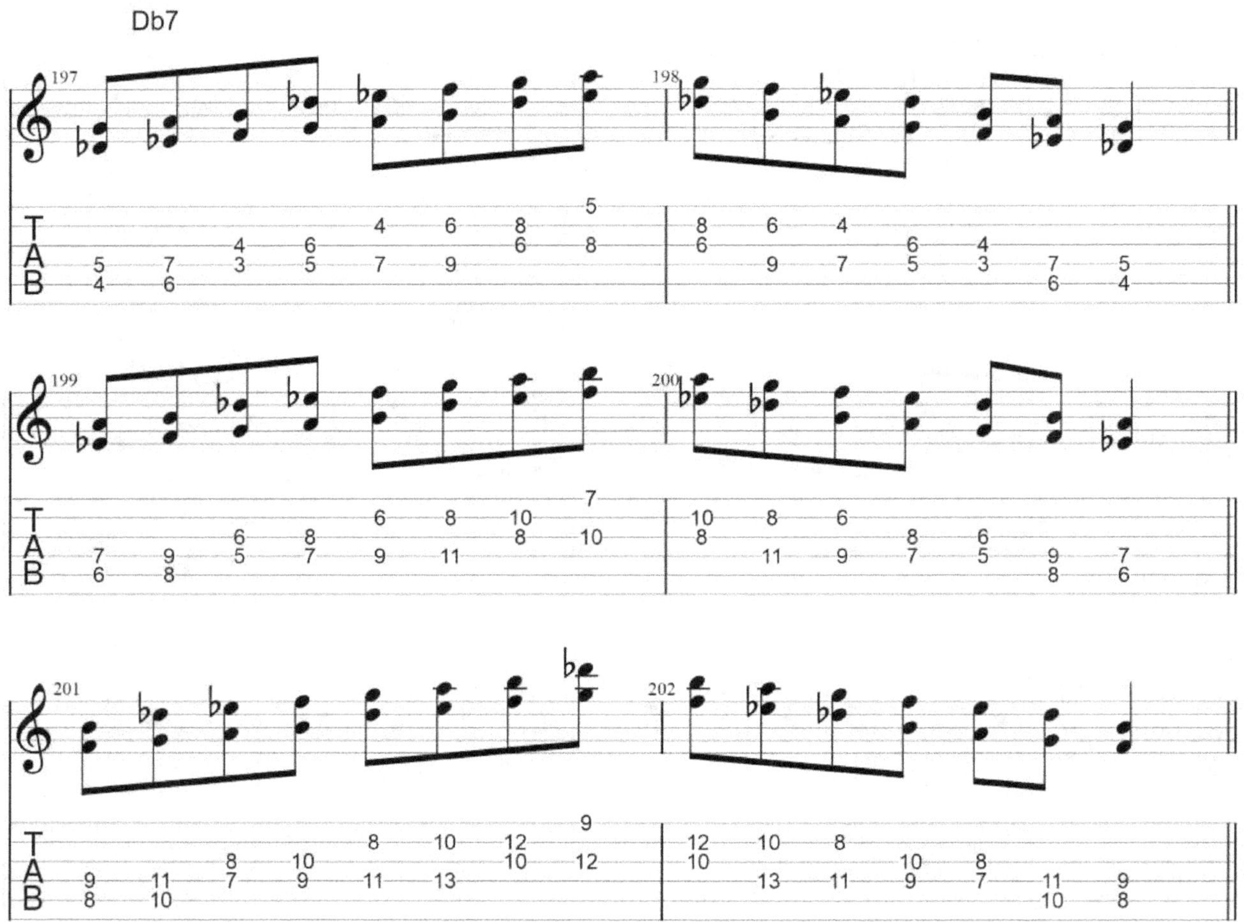

Ejercicios (cuartas Aumentadas)

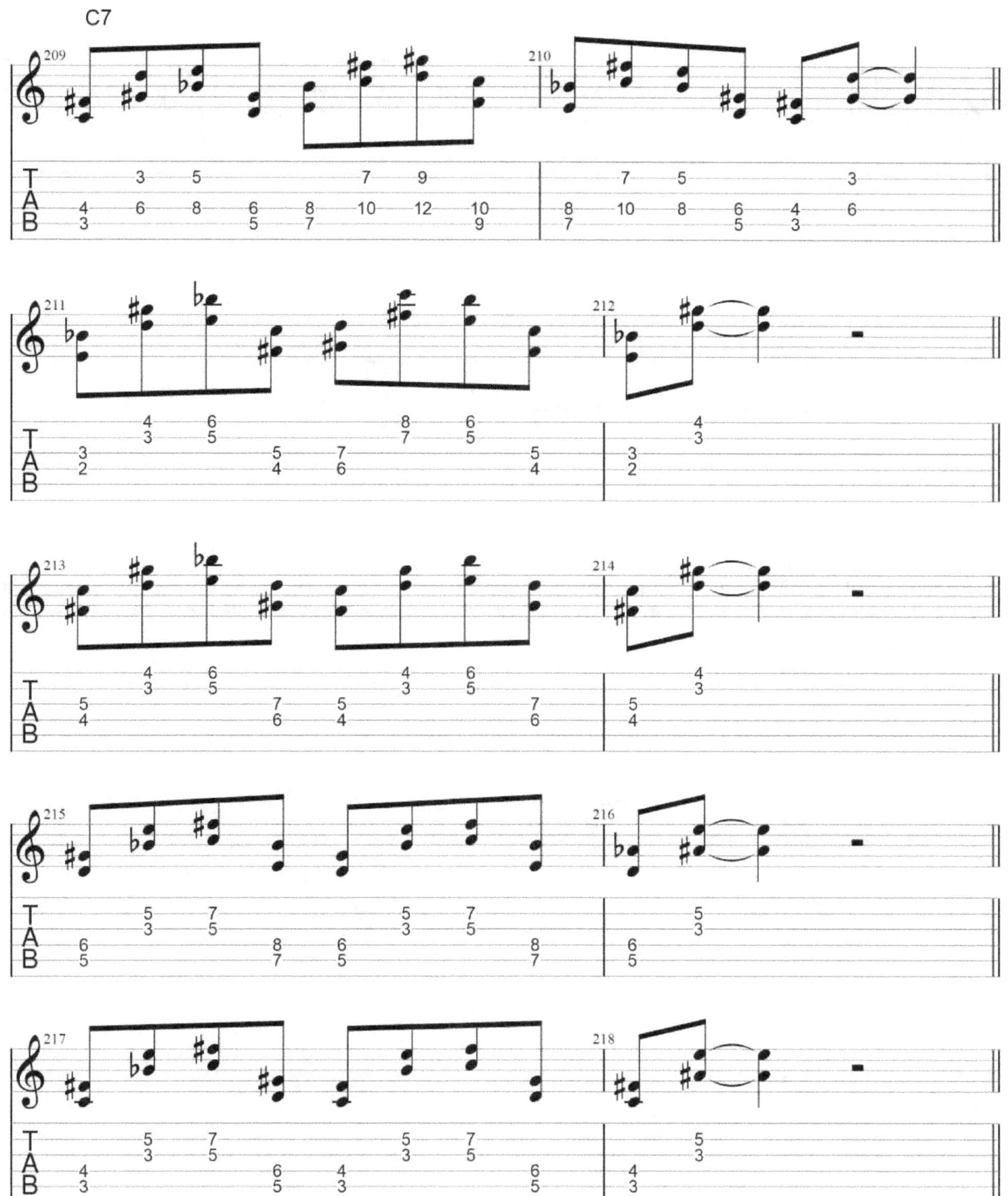

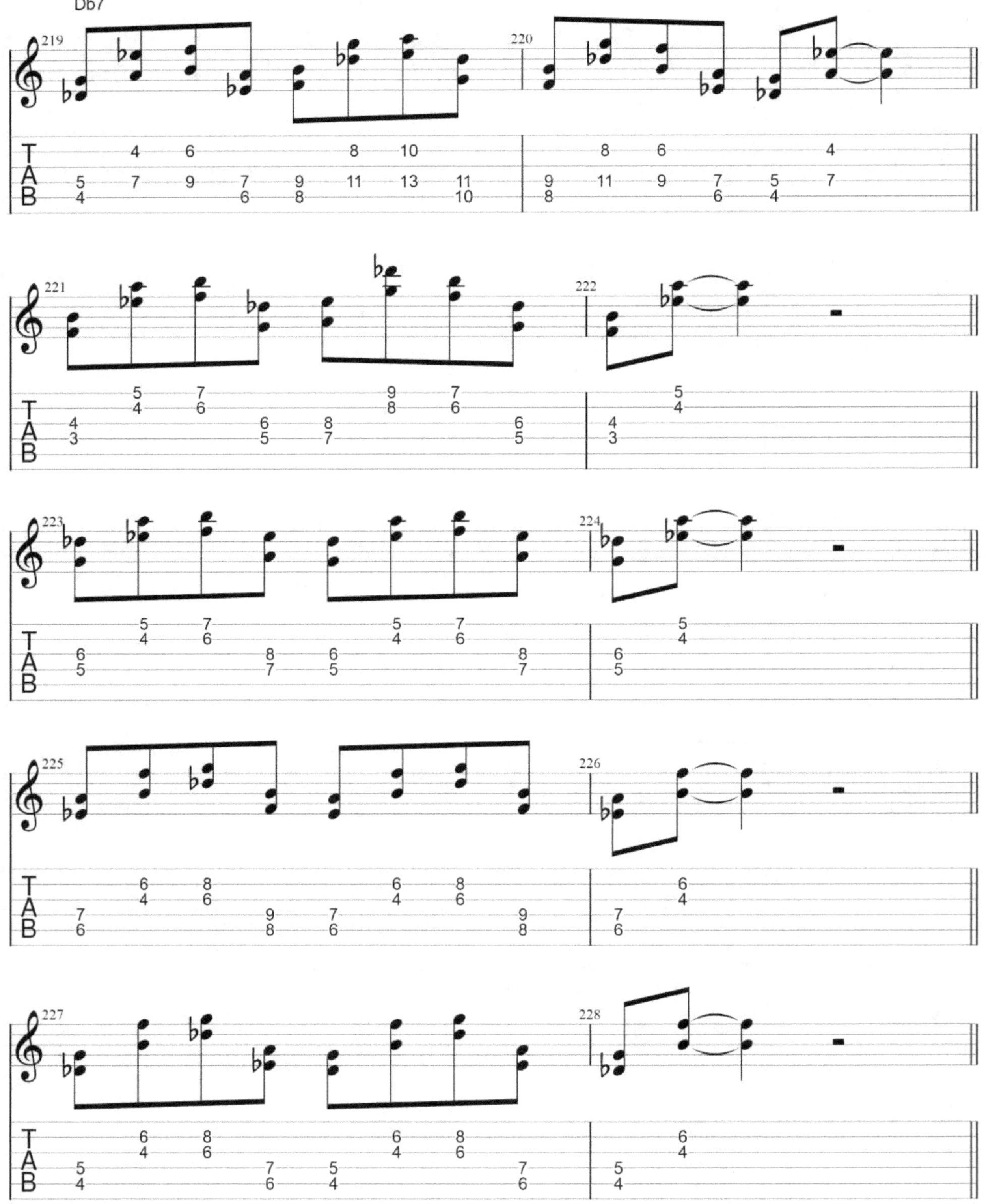

Db7

Cuartas aumentadas aplicadas en Progresiones armónicas

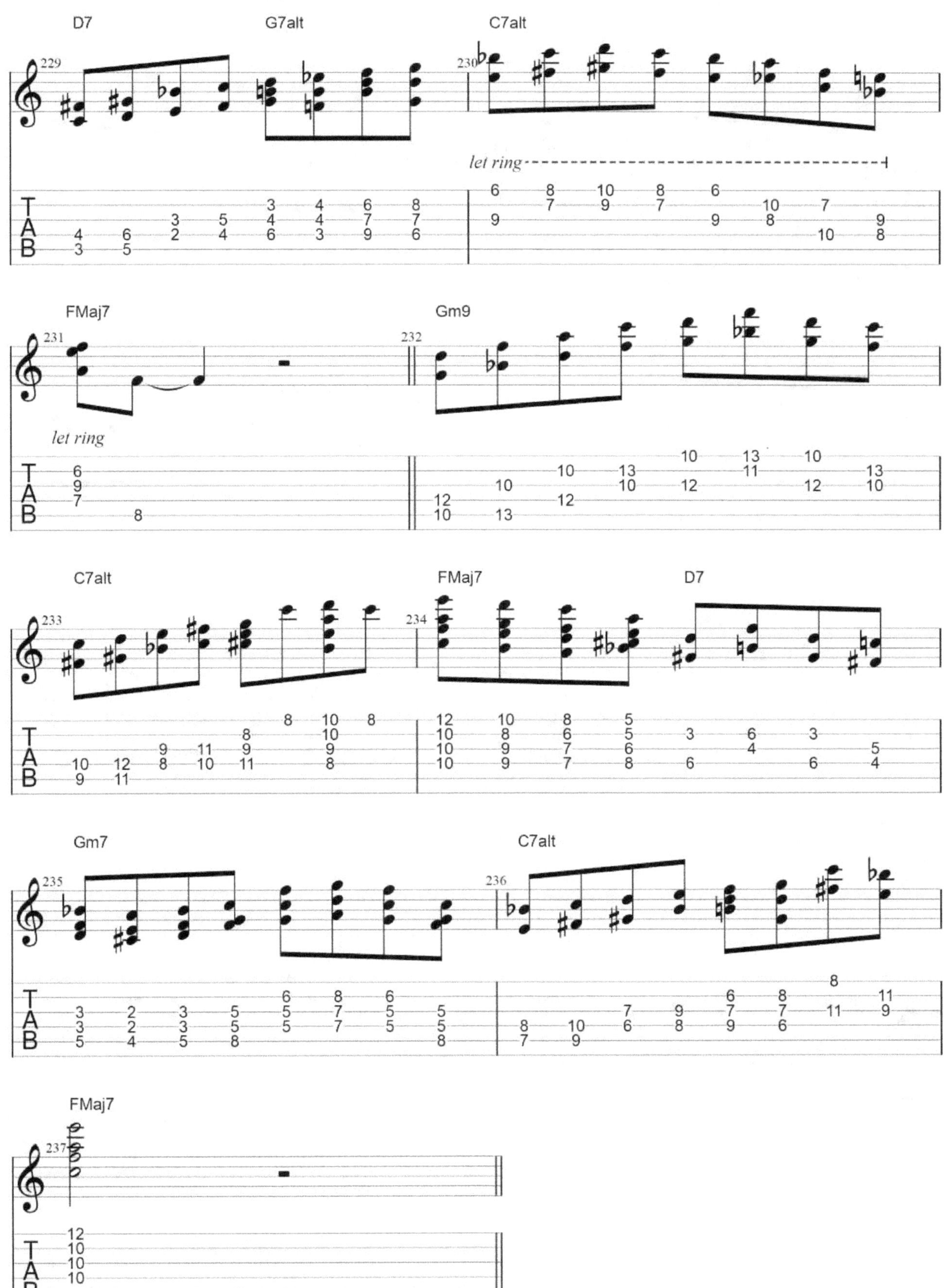

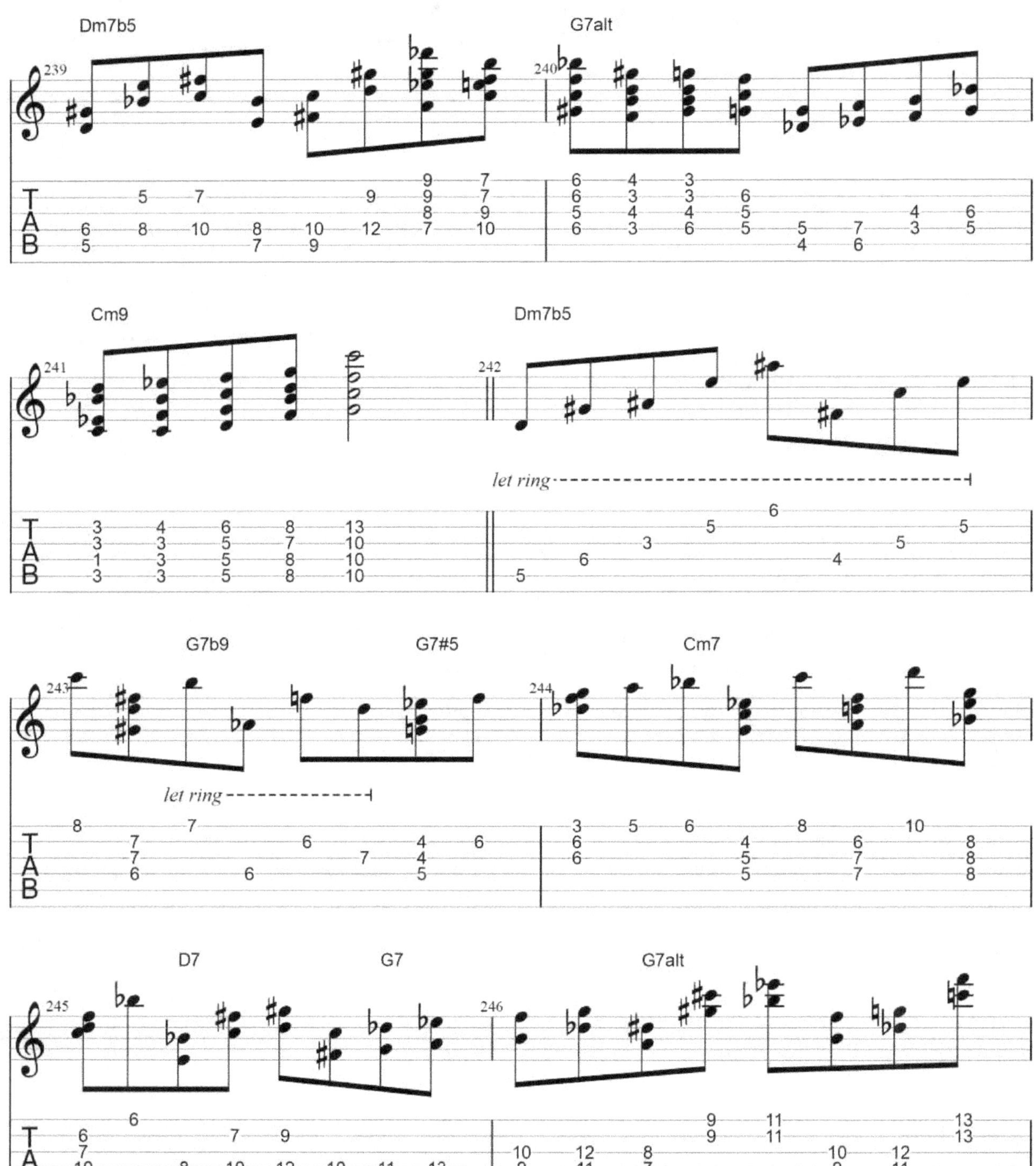

Dm7b5
G7alt
Cm9
Dm7b5
let ring
G7b9
G7#5
Cm7
let ring
D7
G7
G7alt

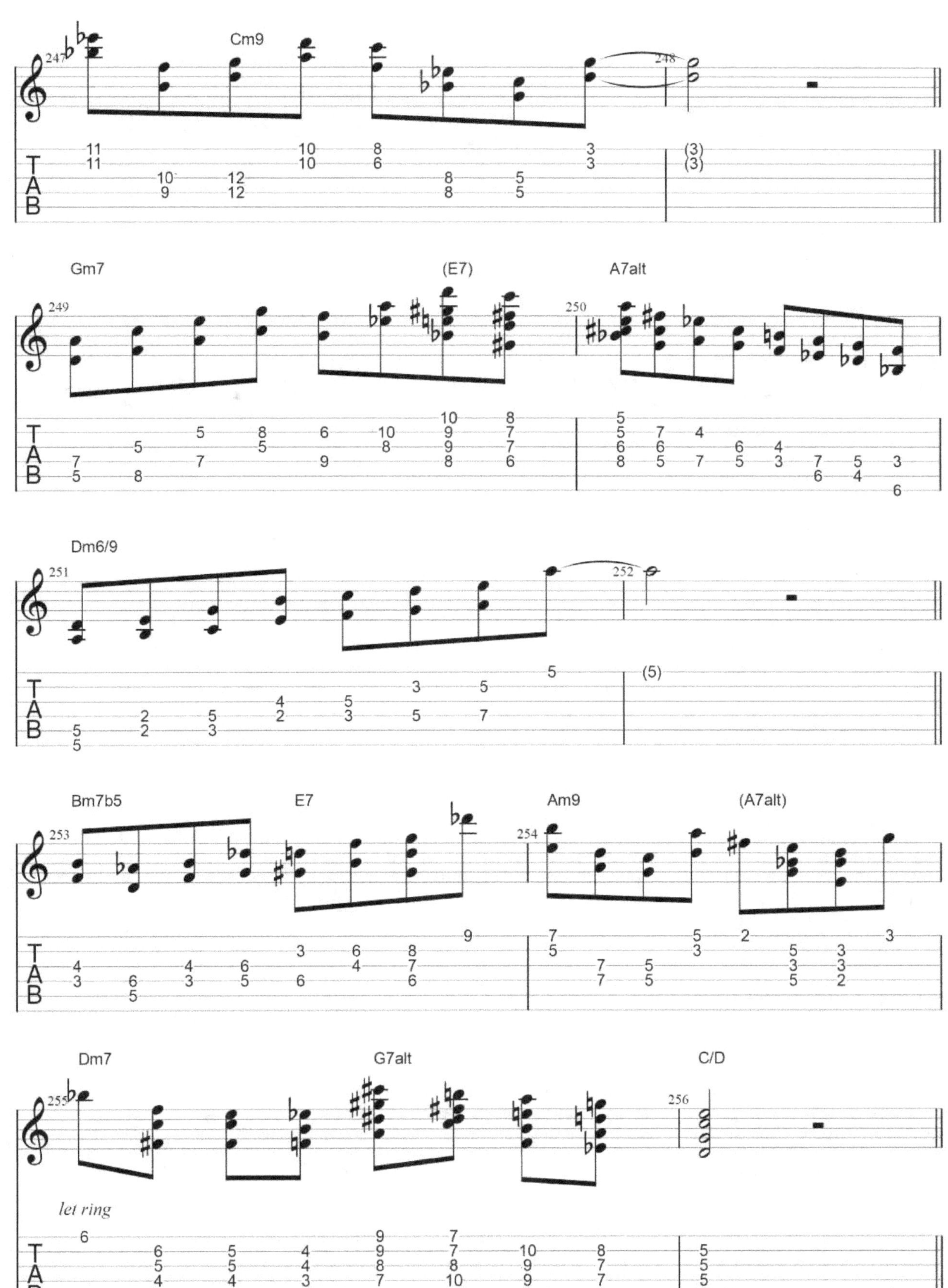

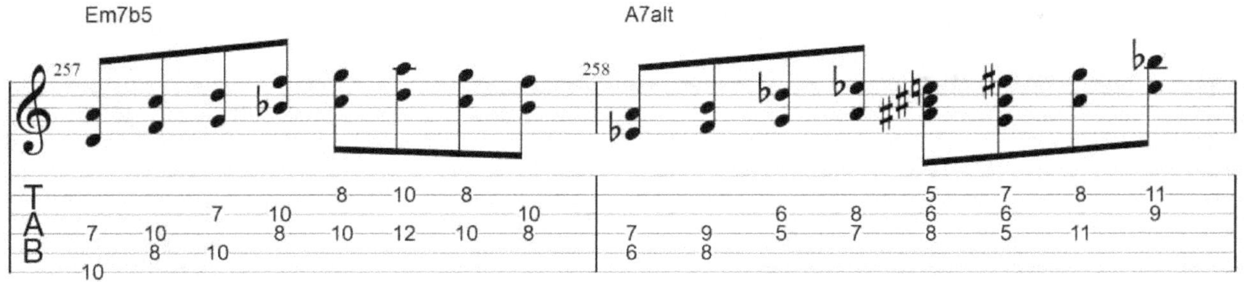
Em7b5
A7alt
257
258

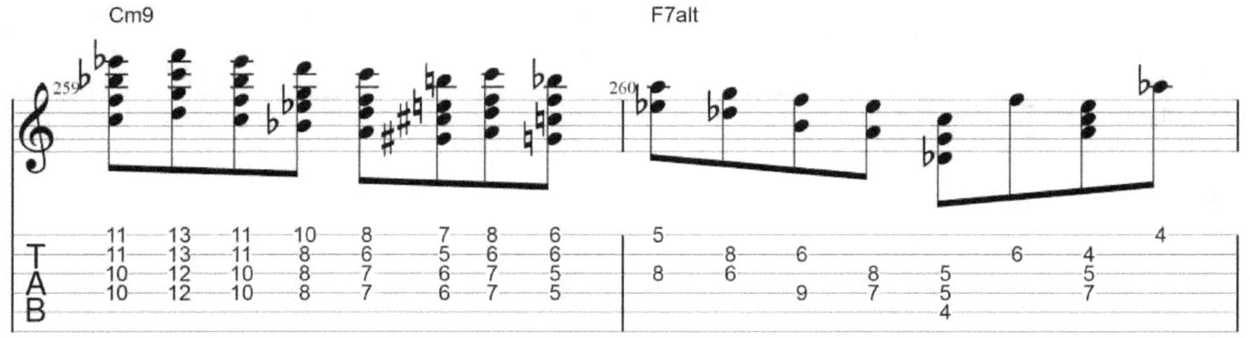
Cm9
F7alt
259
260

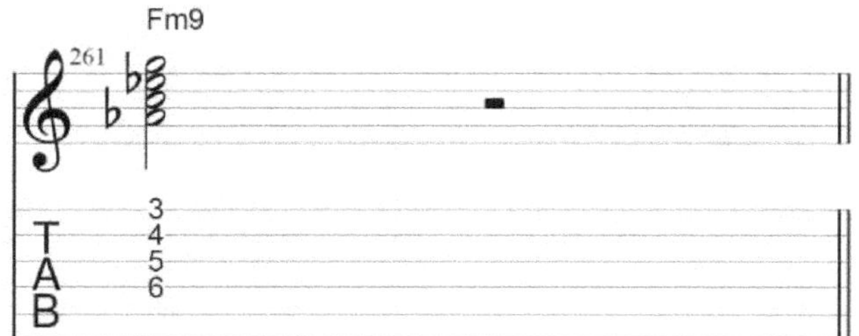
Fm9
261

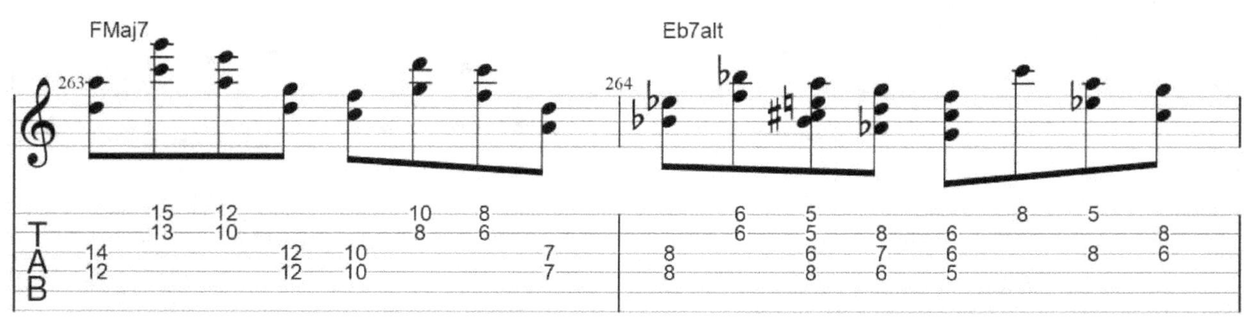
FMaj7
Eb7alt
263
264

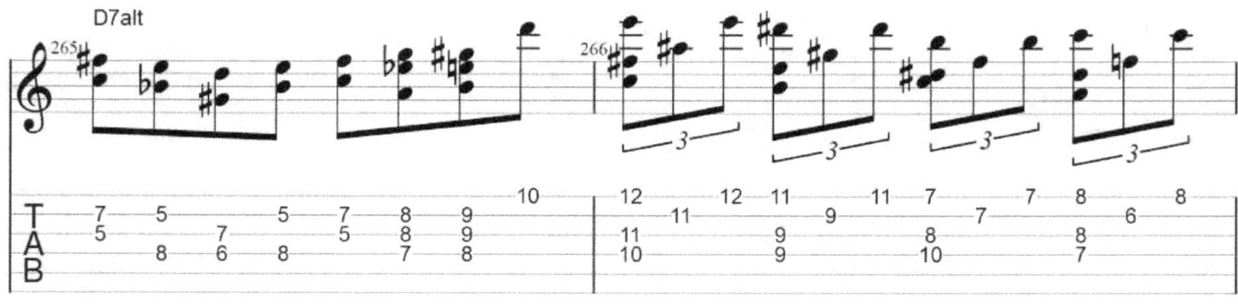
D7alt
265
266
3
3
3
3

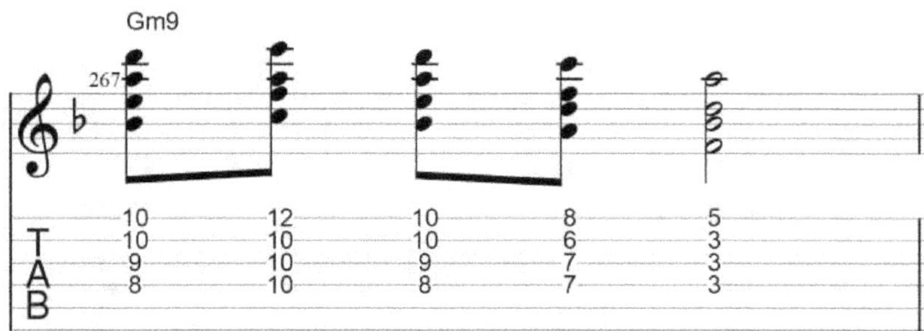

Gm9

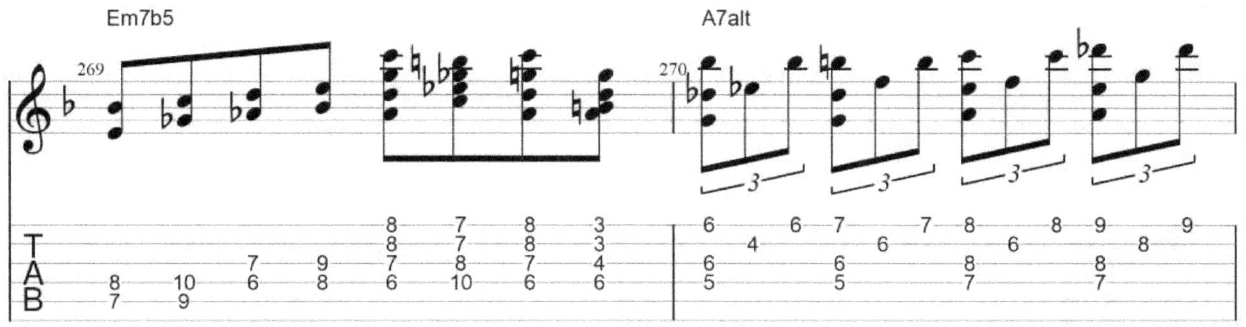

Em7b5
A7alt

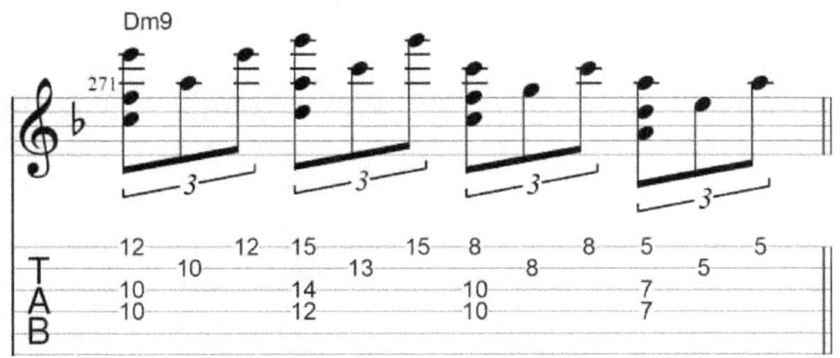

Dm9

Suspensiones Armónicas

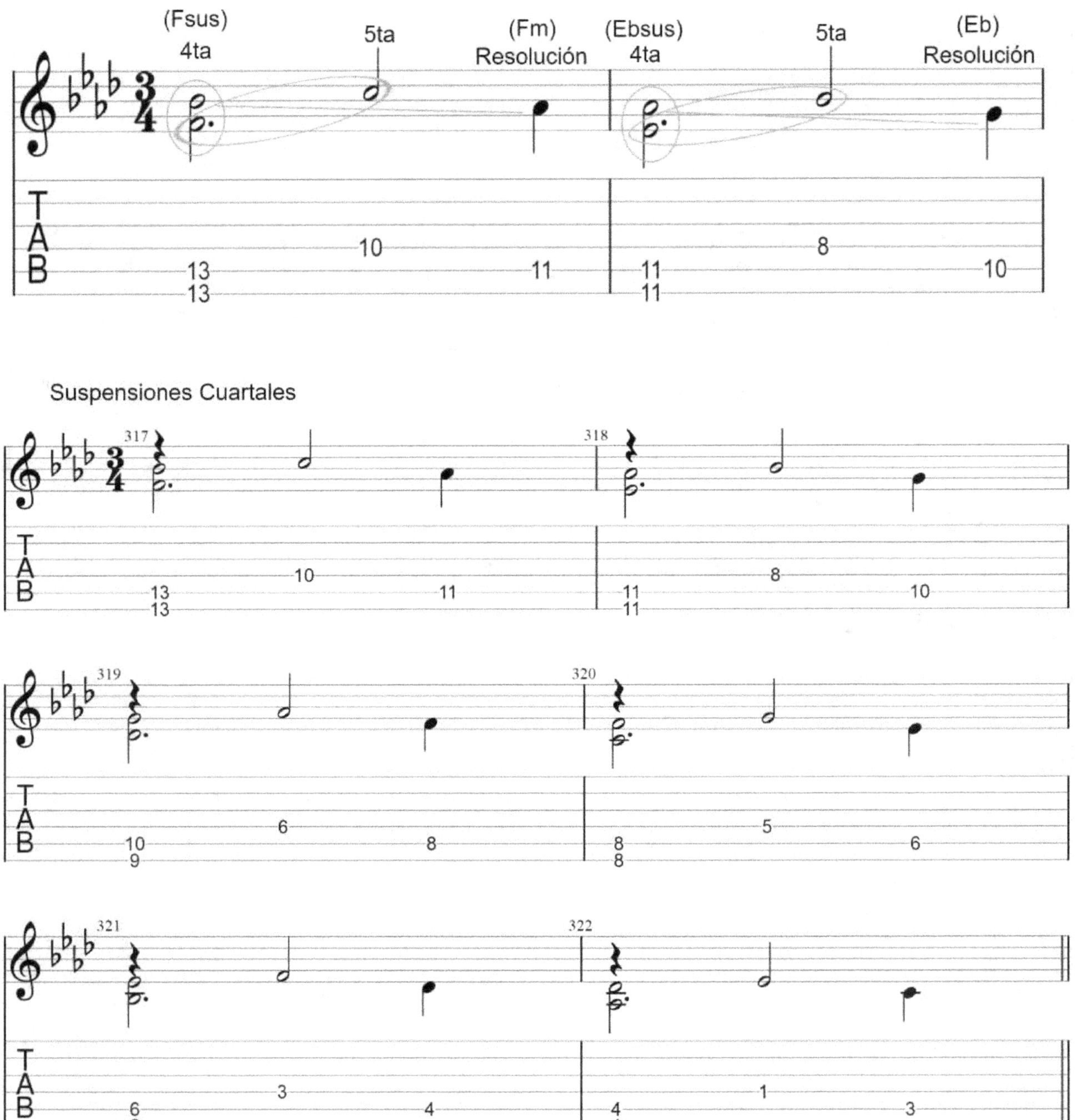

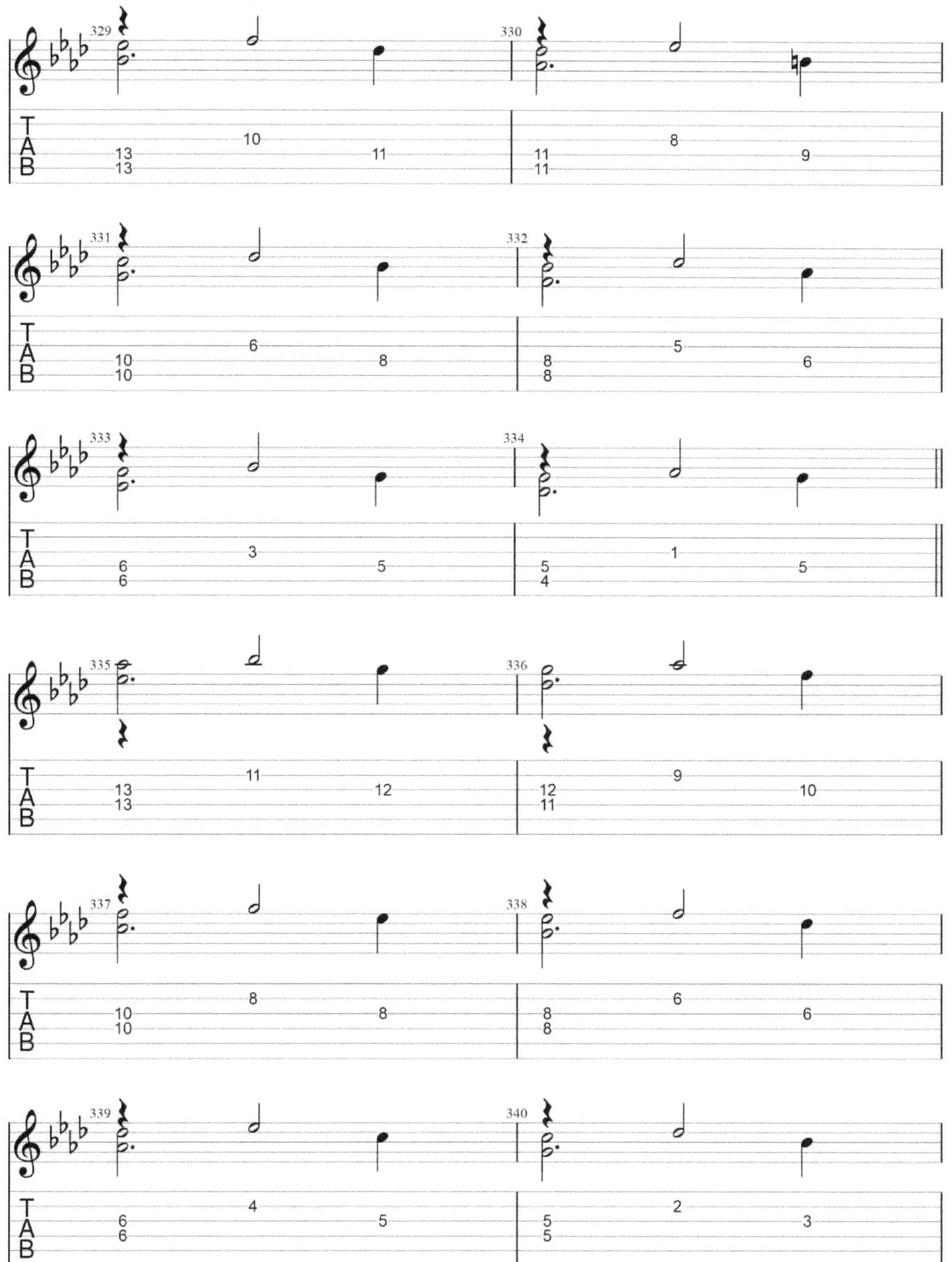

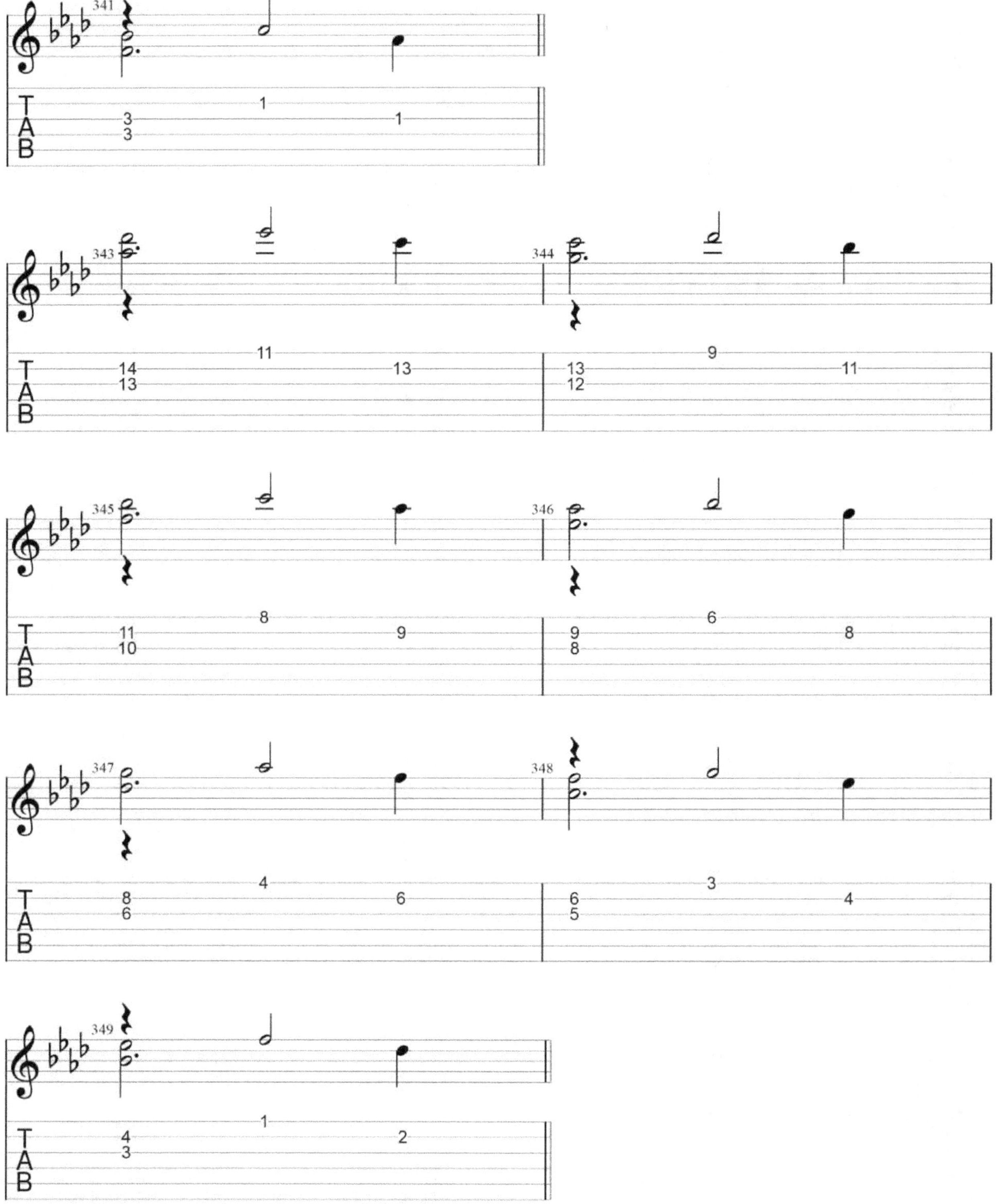

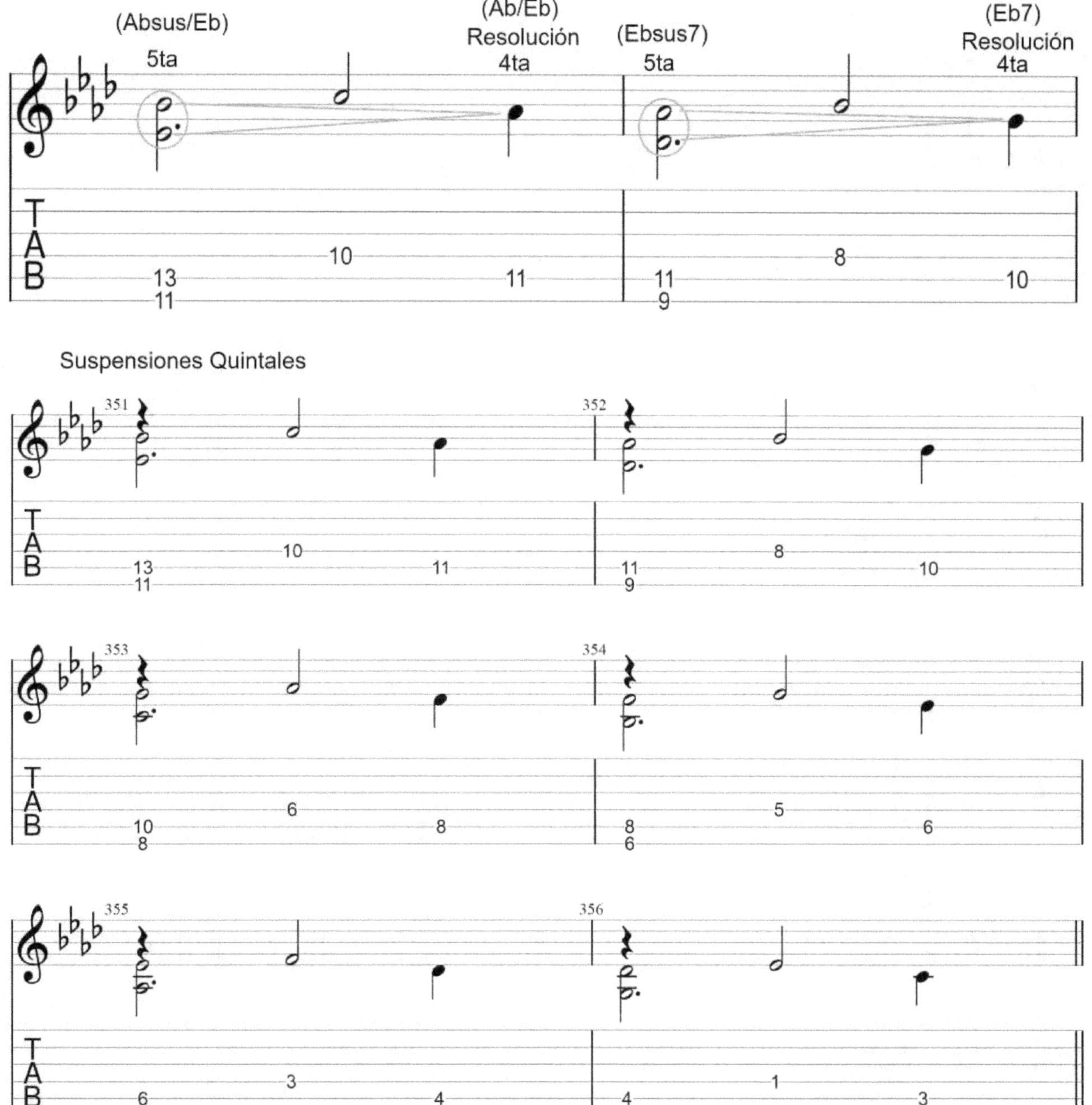

(Absus/Eb)
5ta
(Ab/Eb)
Resolución
4ta
(Ebsus7)
5ta
(Eb7)
Resolución
4ta
Suspensiones Quintales
351
352
353
354
355
356

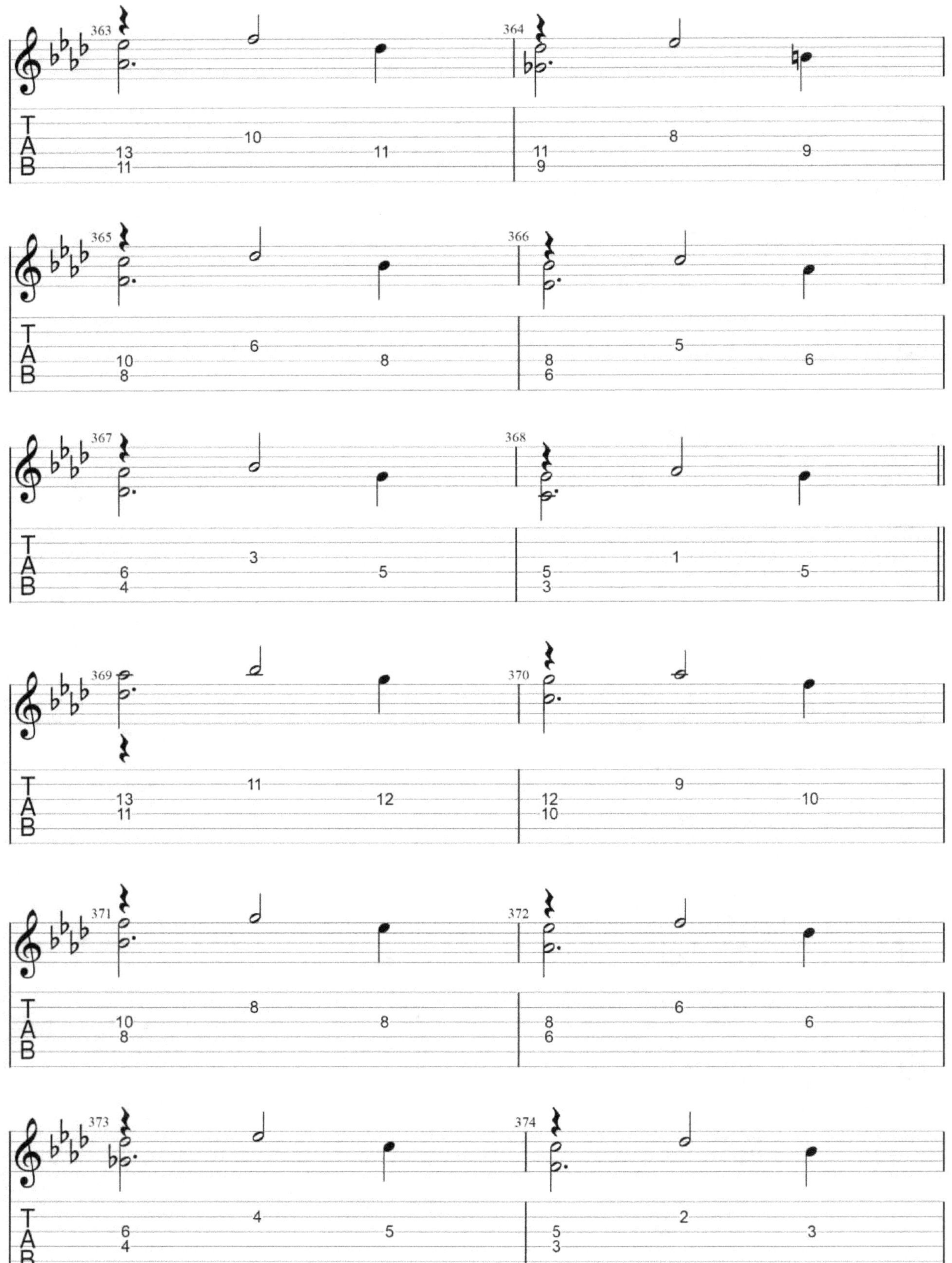

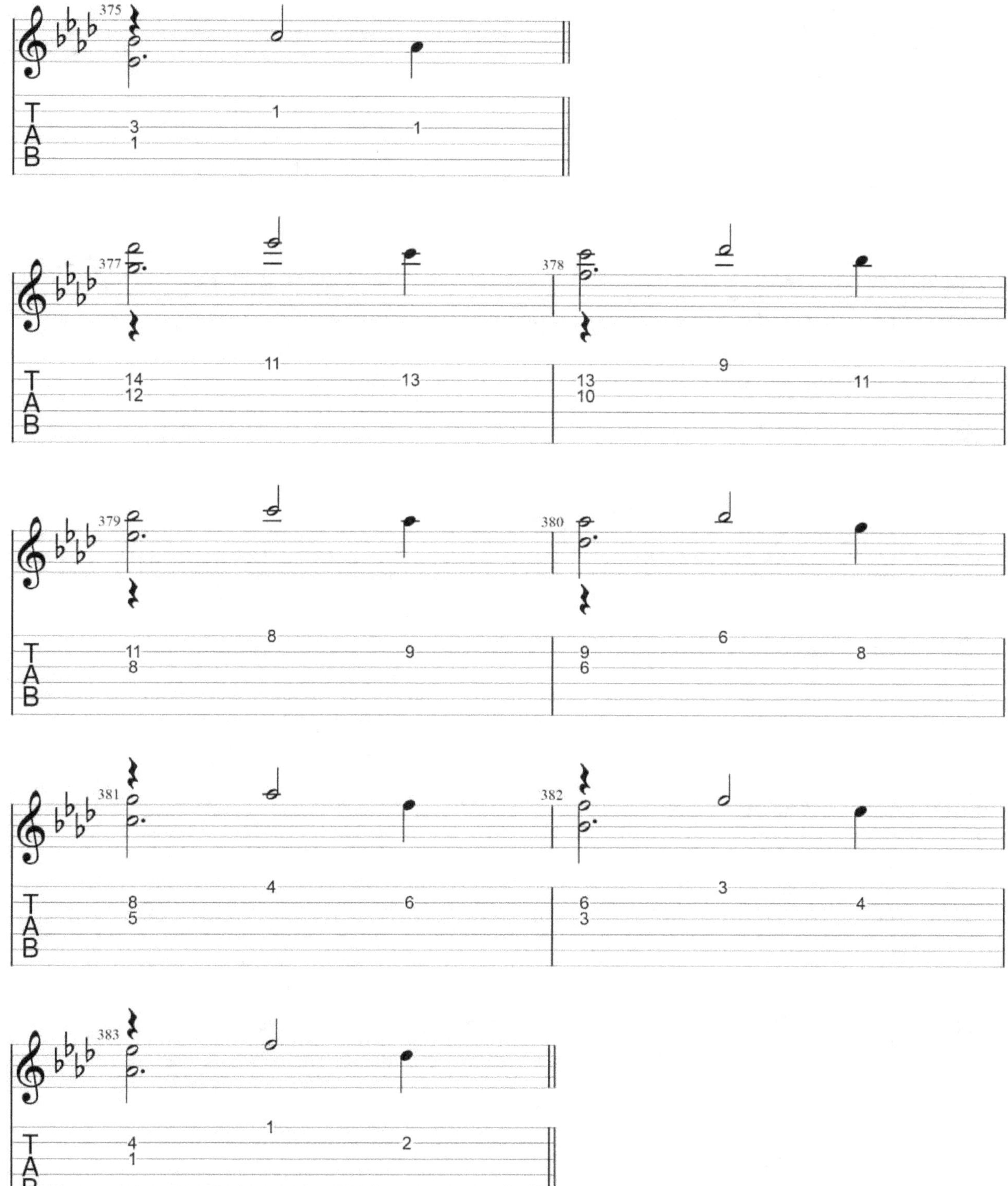

Aplicaciones Melódicas

(Estructuras Cuartales y Quintales)

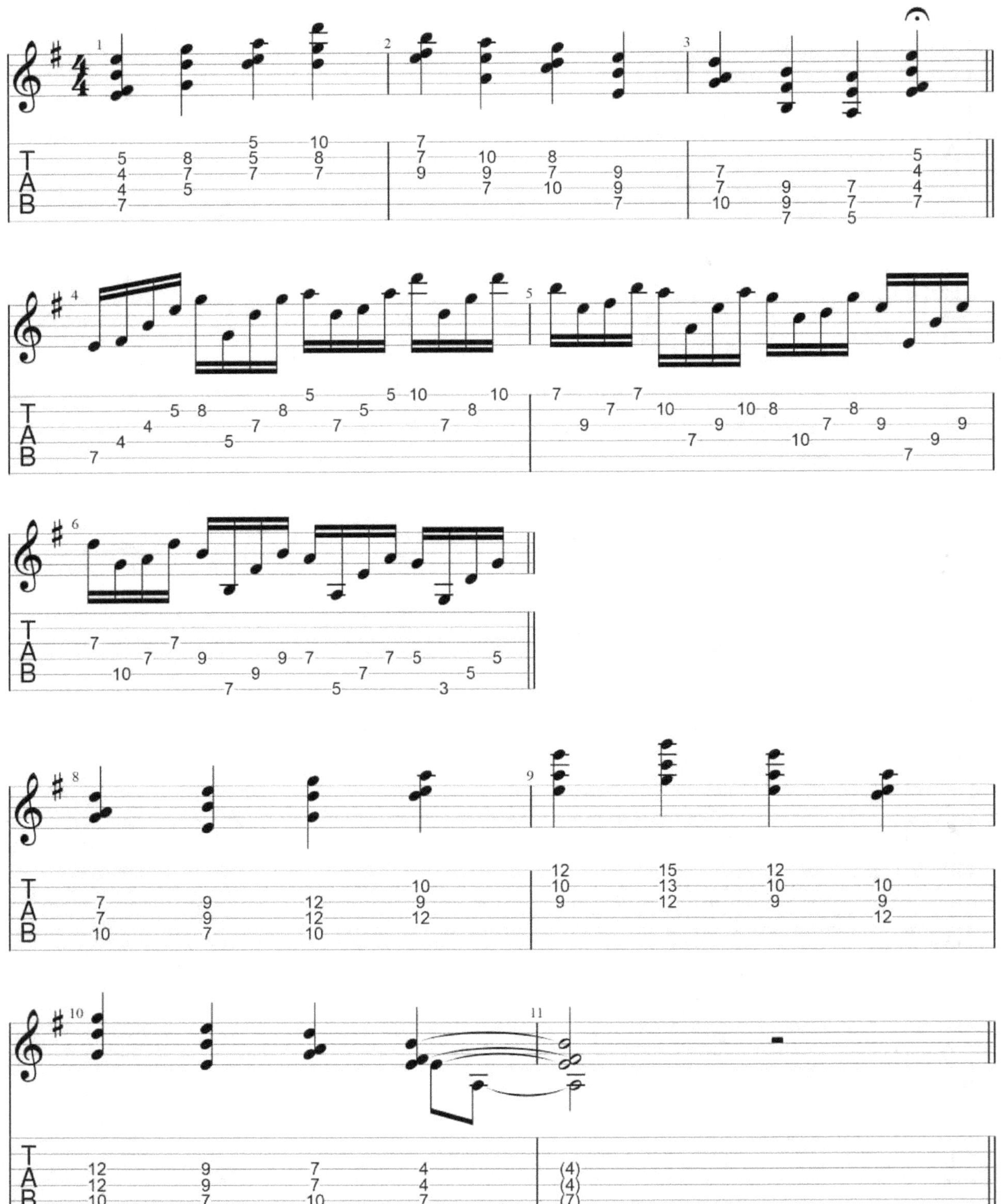

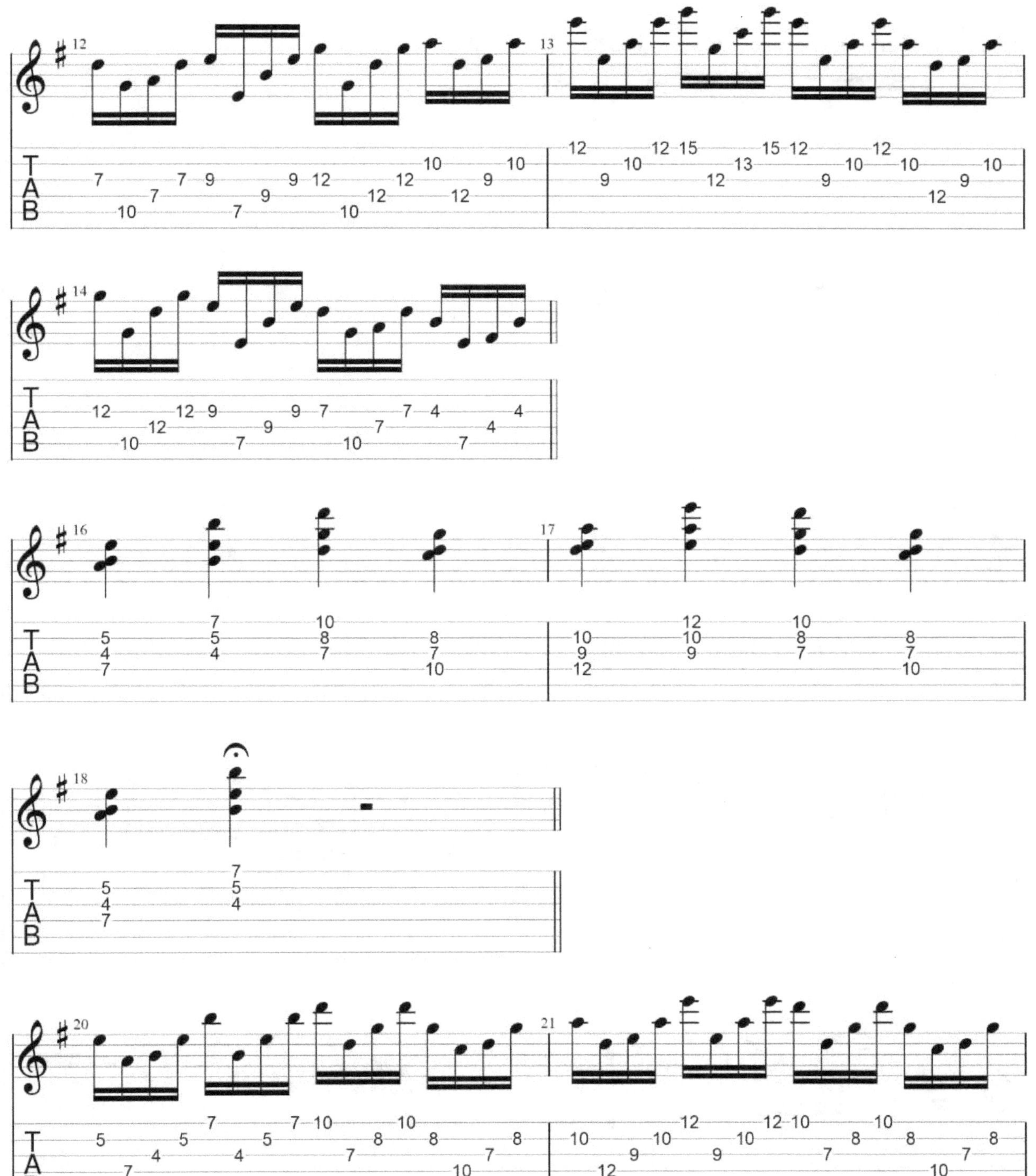

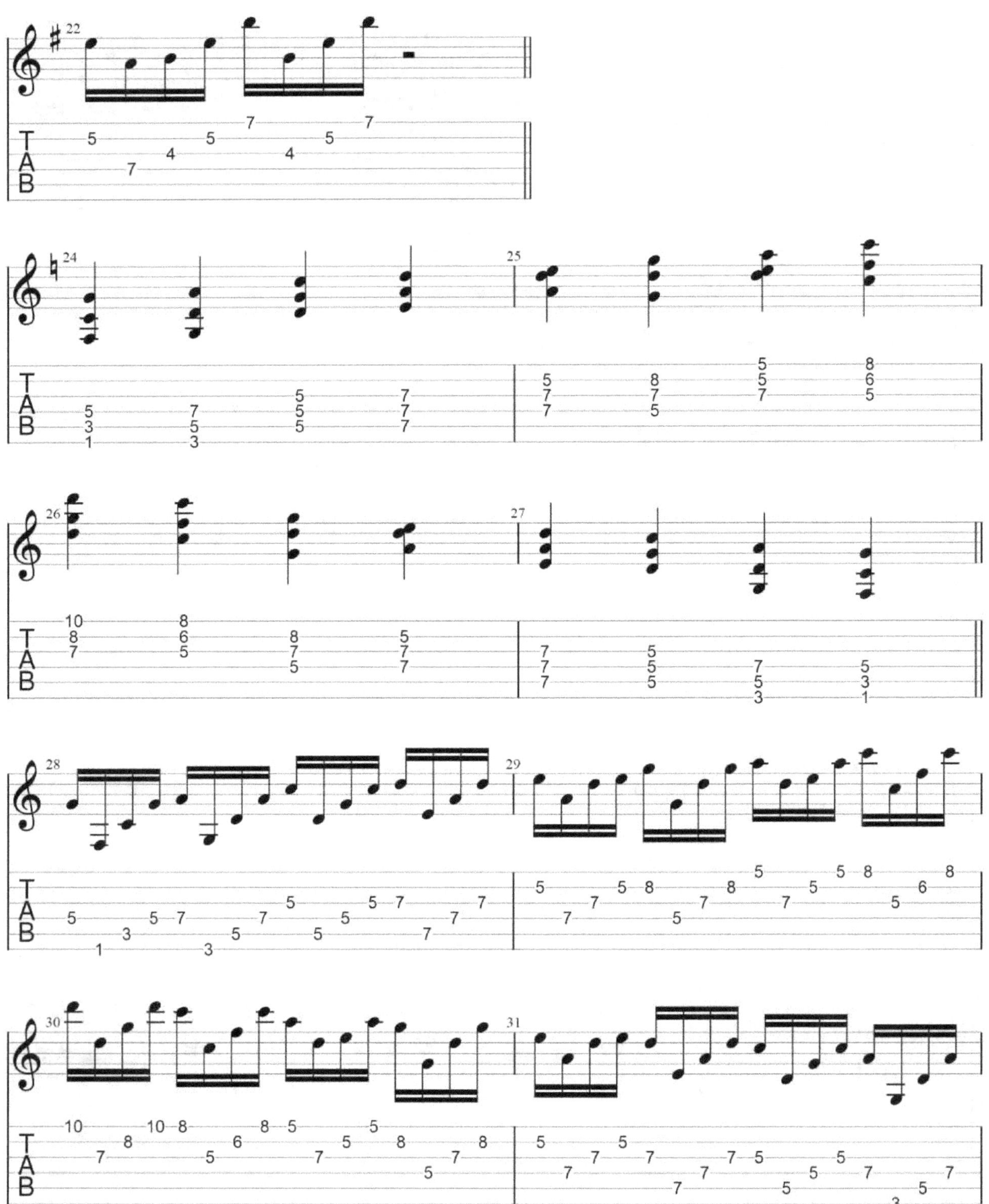

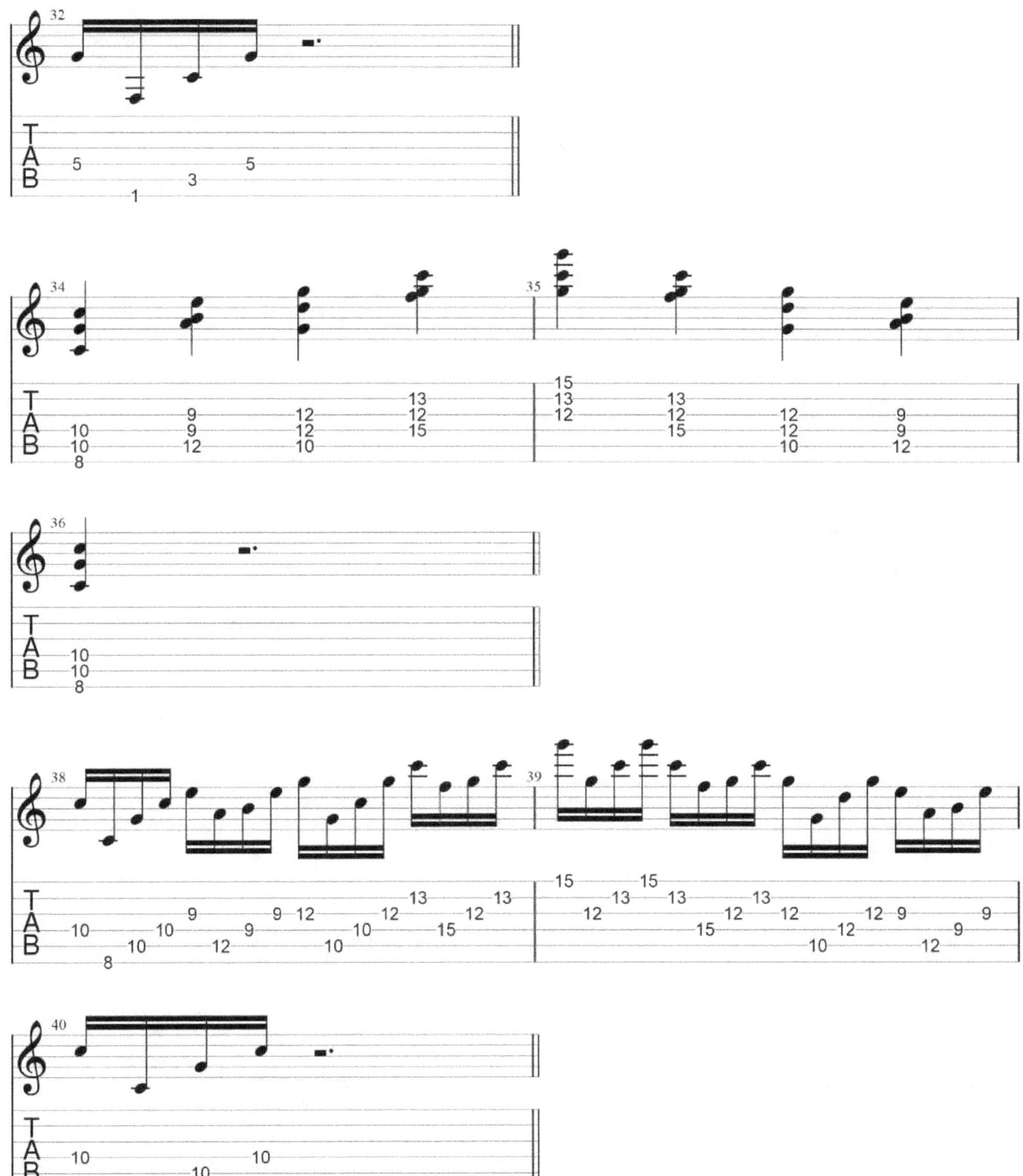

Estructuras Cuartales Y Quintales
formando arpegios de Triadas y Cuatriadas

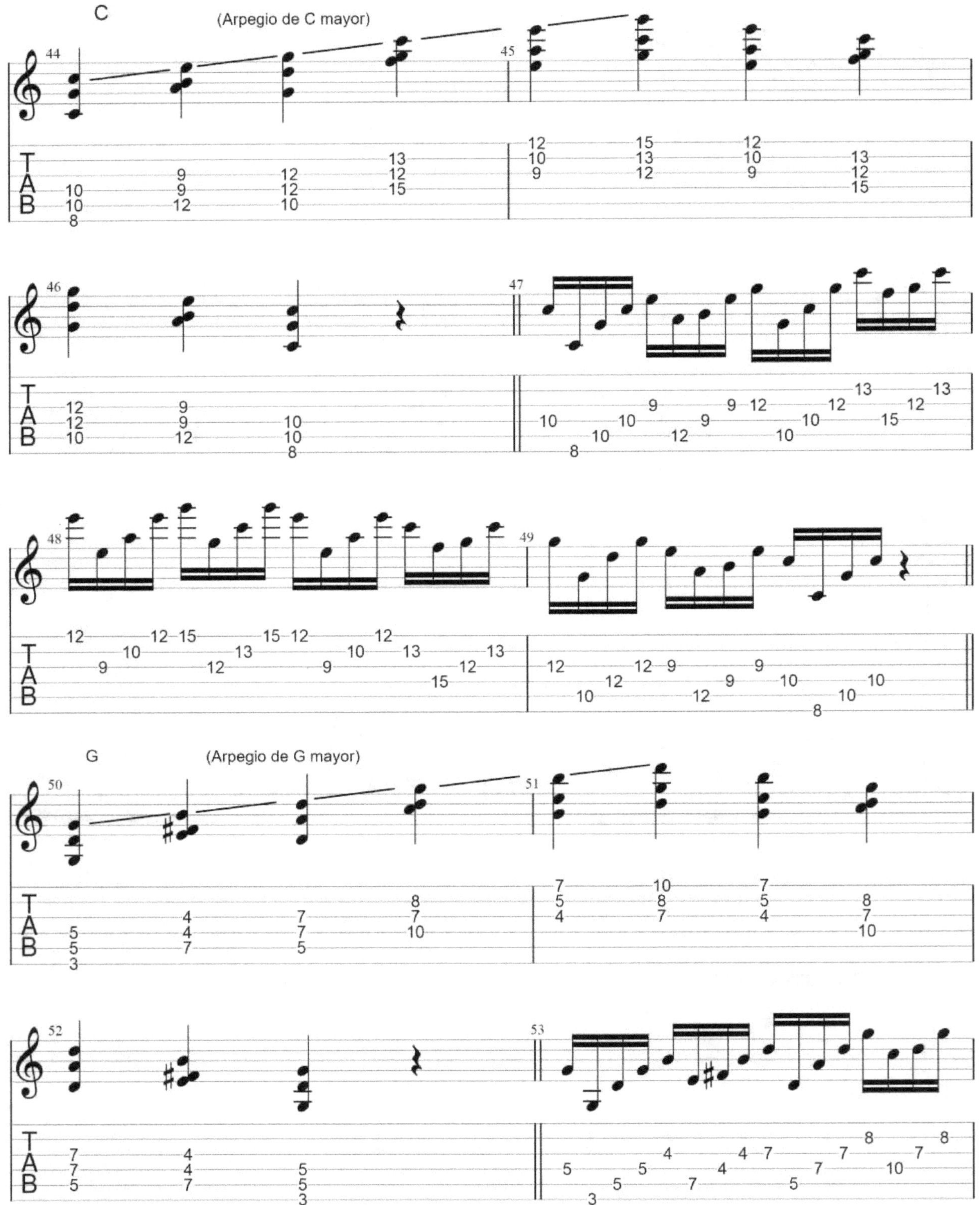

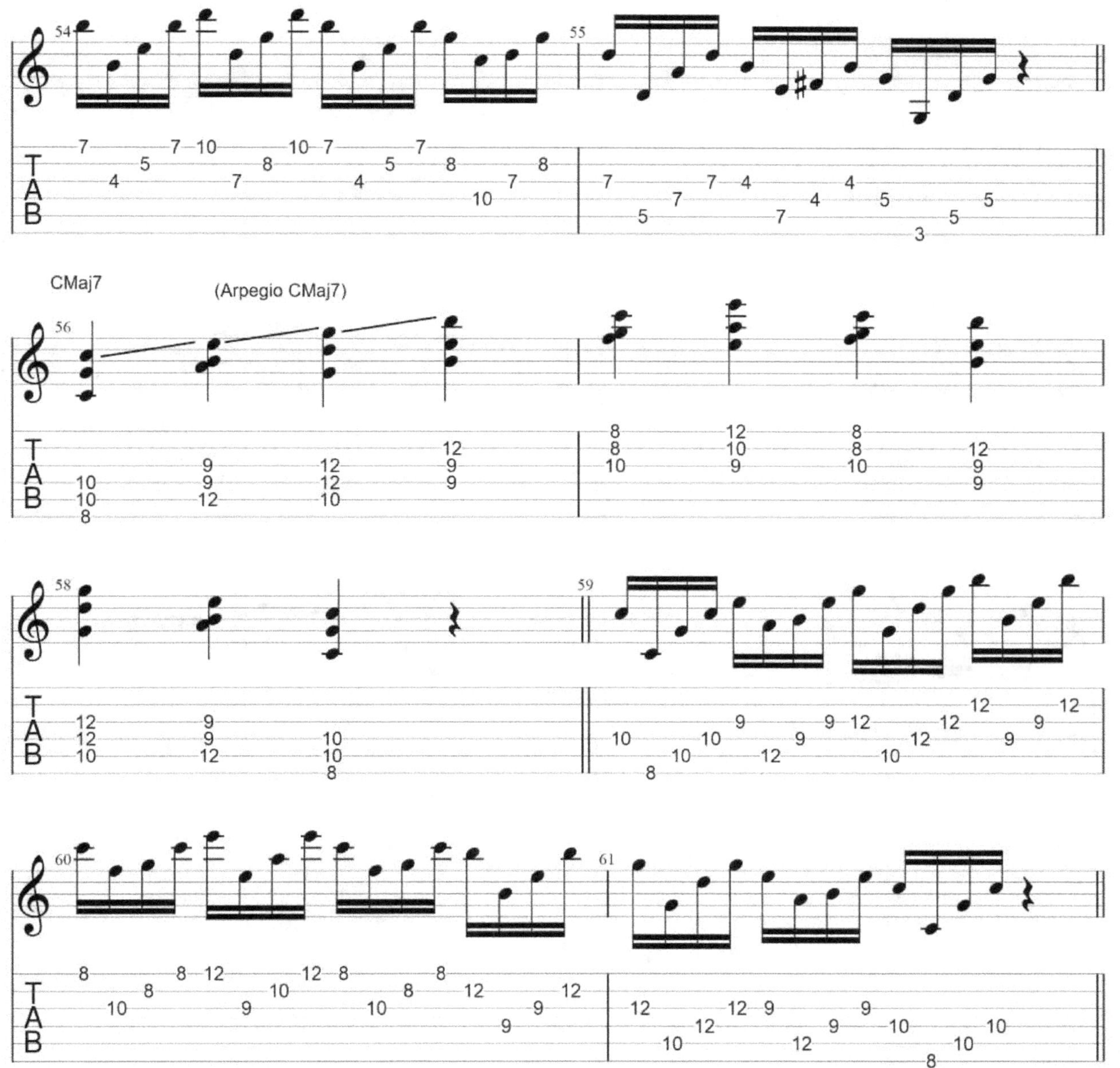
CMaj7
(Arpegio CMaj7)

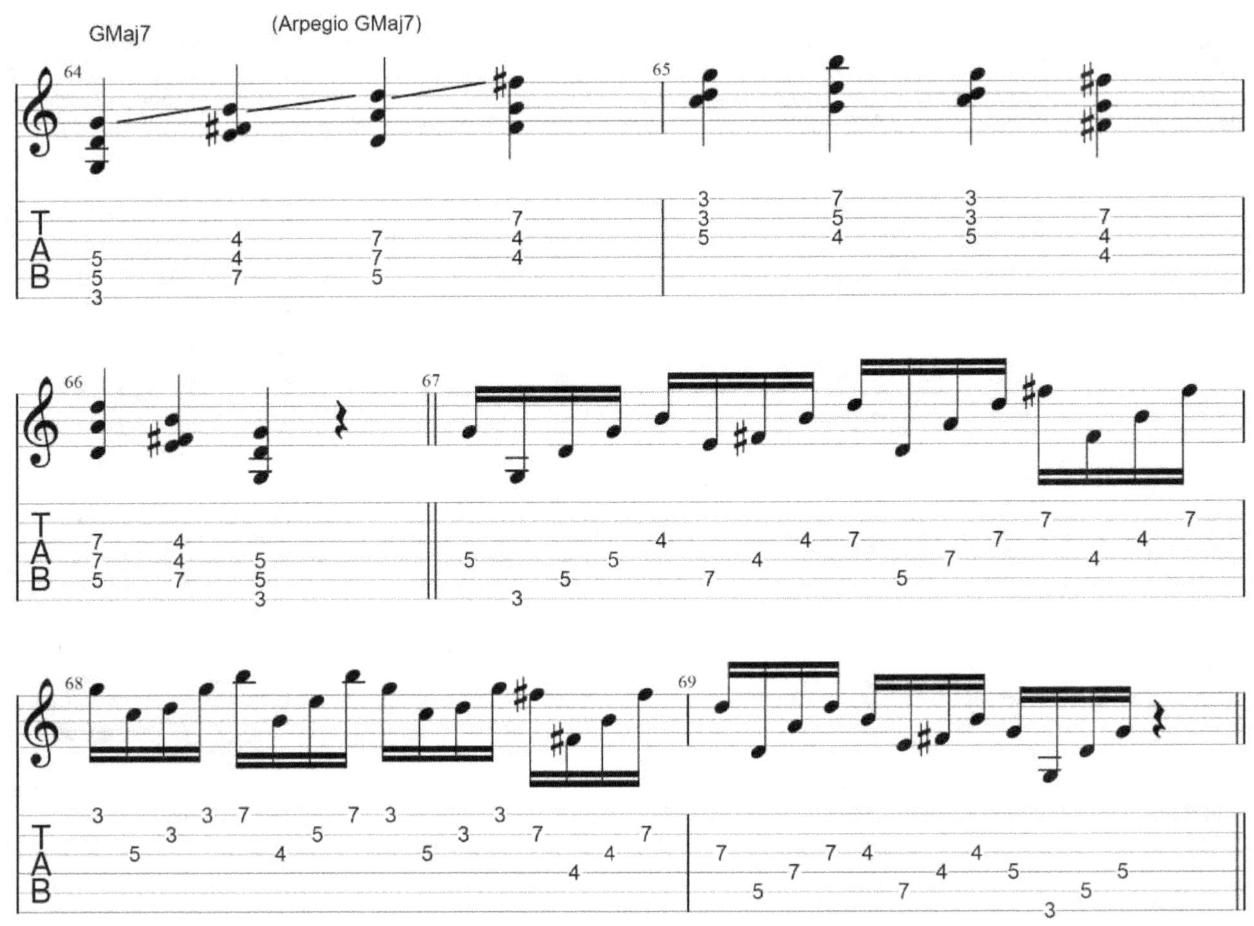

GMaj7
(Arpegio GMaj7)

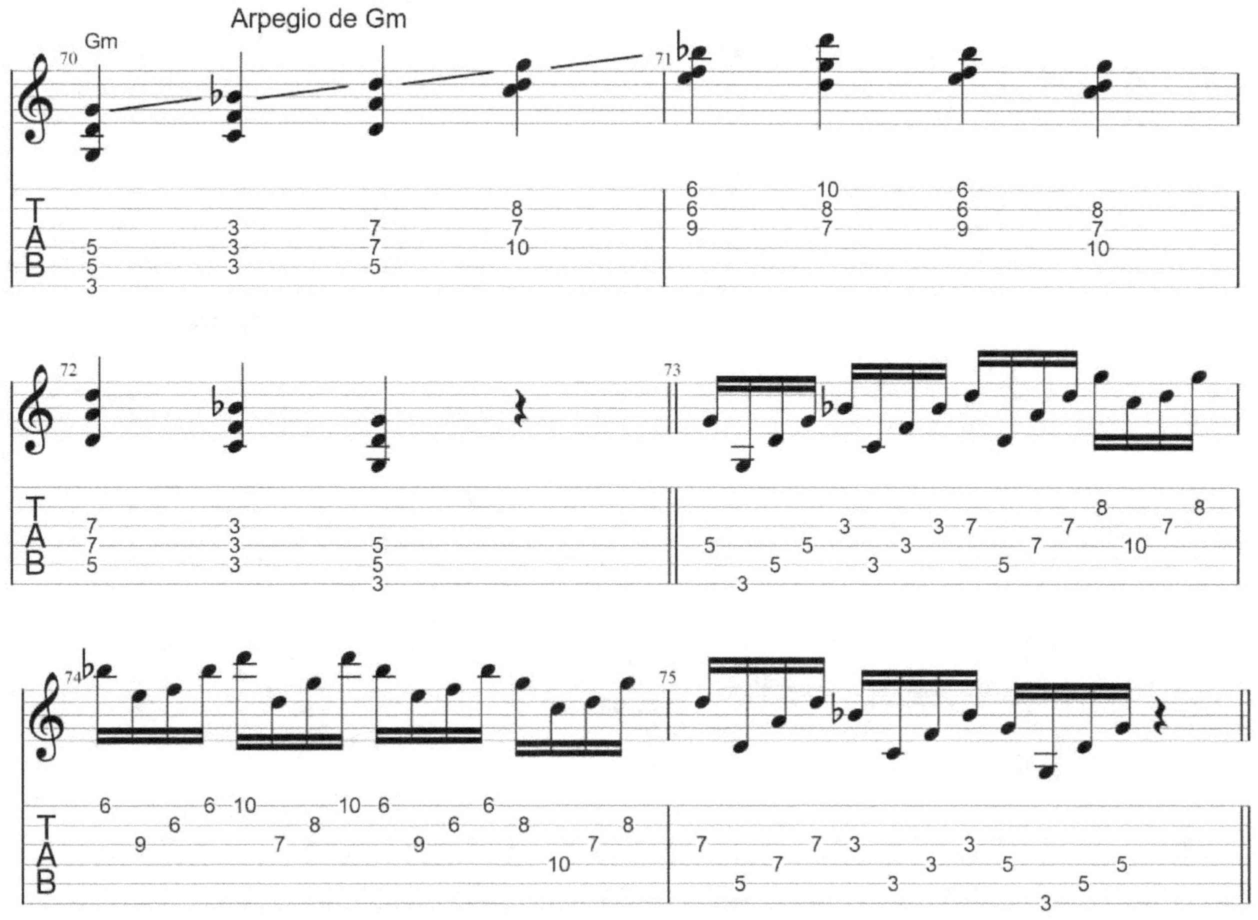
Arpegio de Gm
Gm
70
71
72
73
74
75

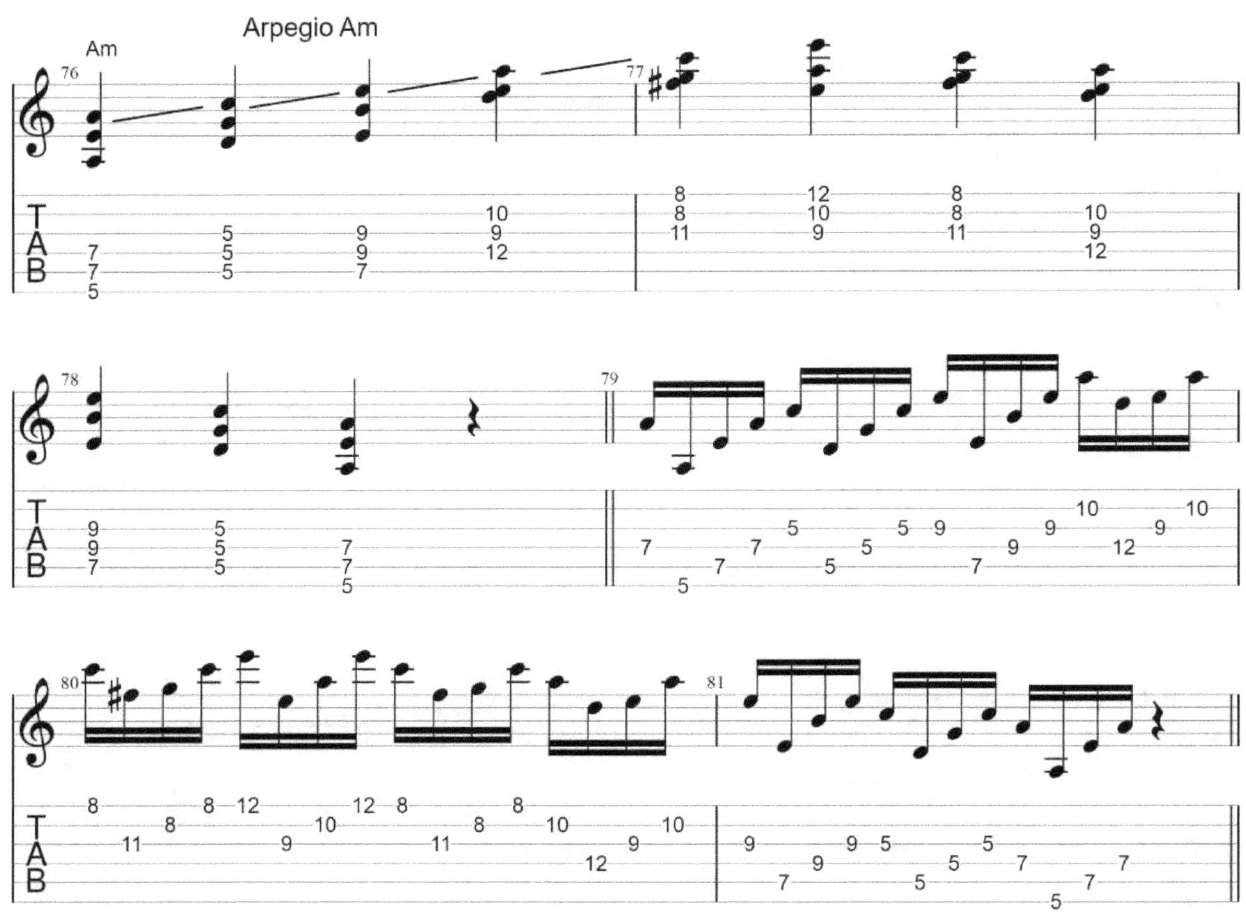
Am
Arpegio Am
76
77
78
79
80
81

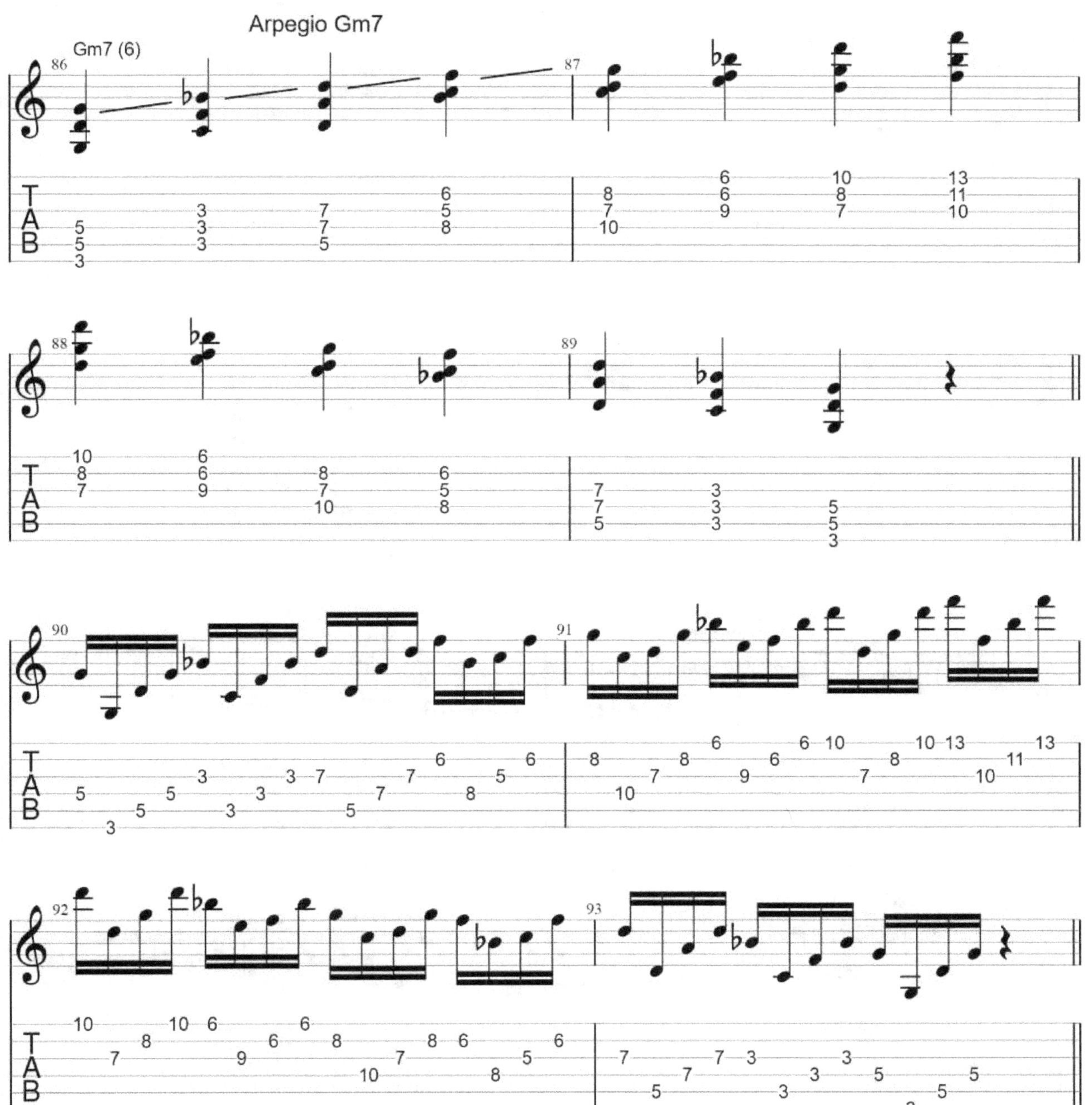
Arpegio Gm7
Gm7 (6)

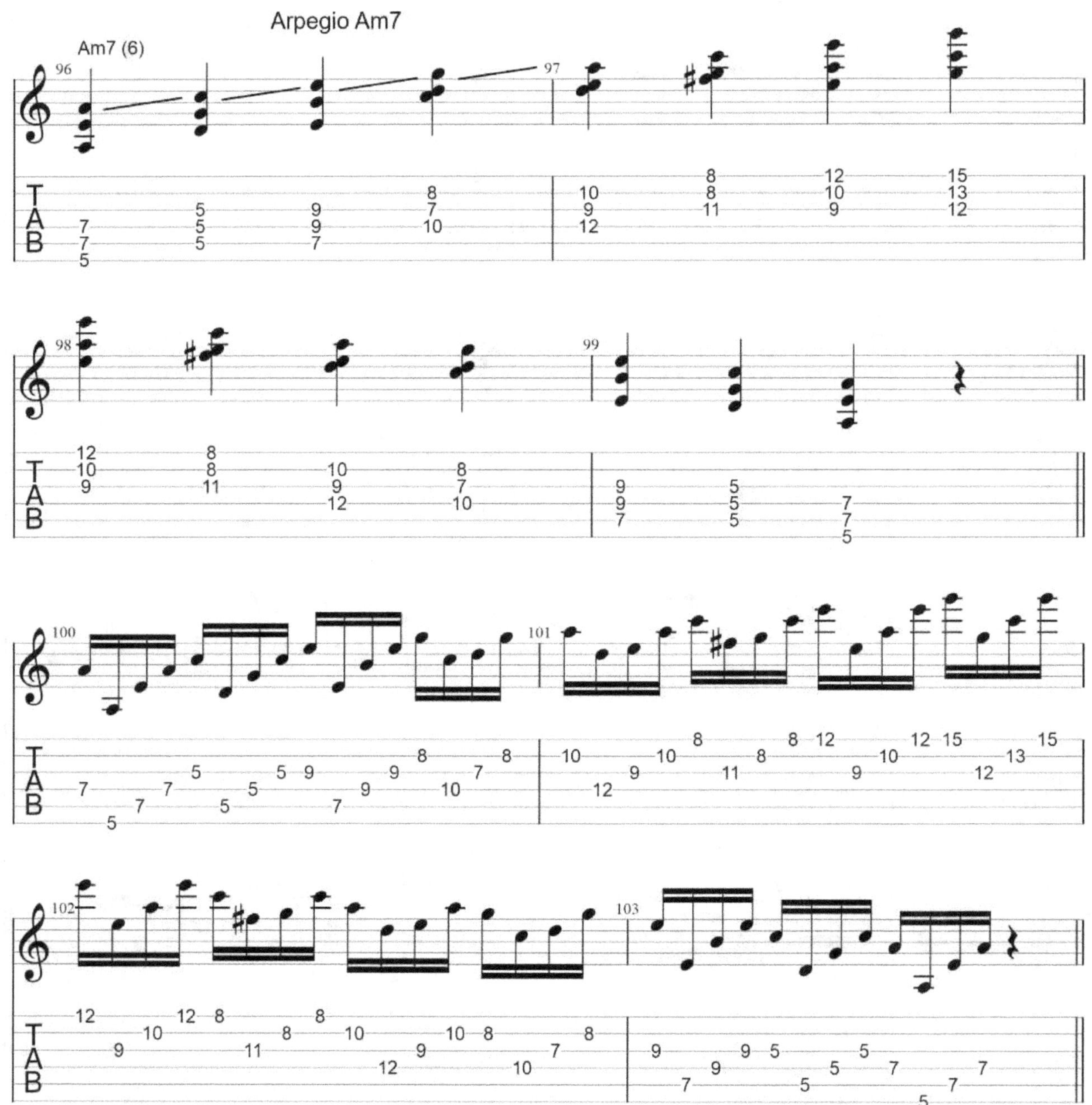

Arpegio Am7
Am7 (6)

Secuencias Melódicas
(Aplicando Herramientas y sonoridades)

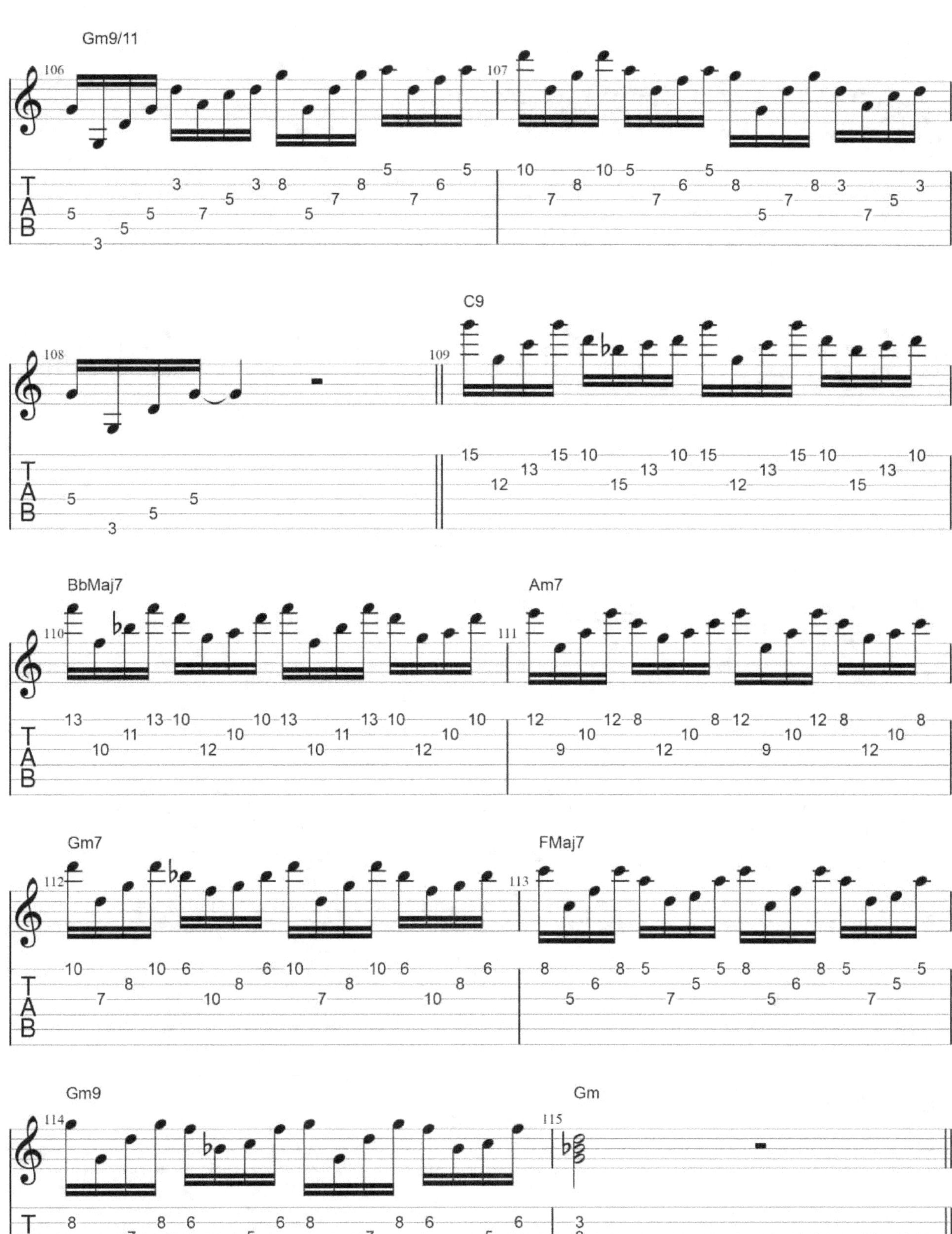

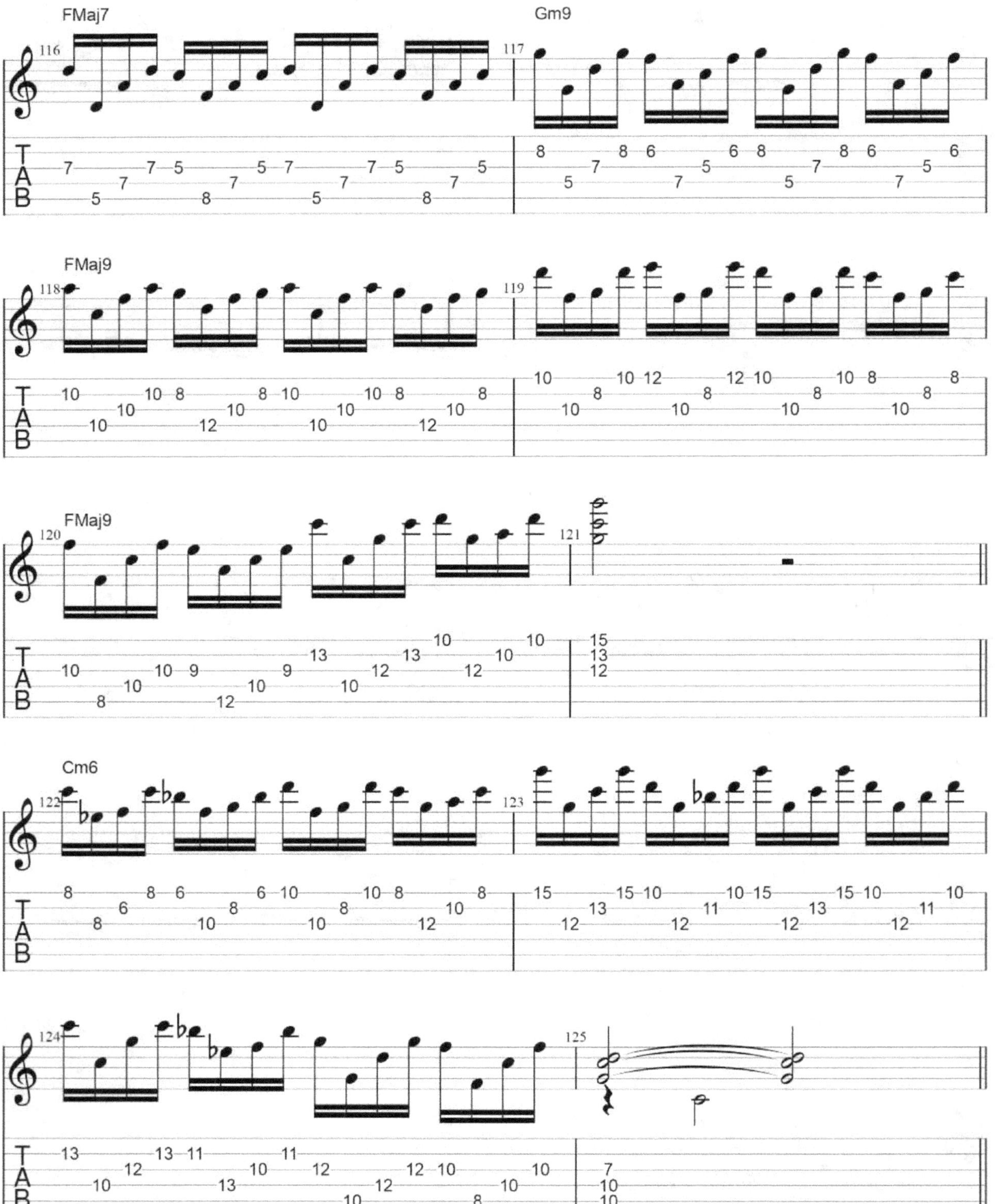

FMaj7
Gm9
FMaj9
FMaj9
Cm6

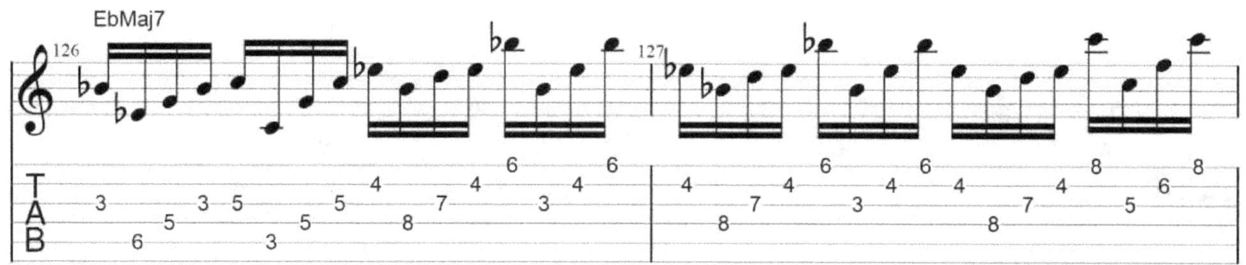
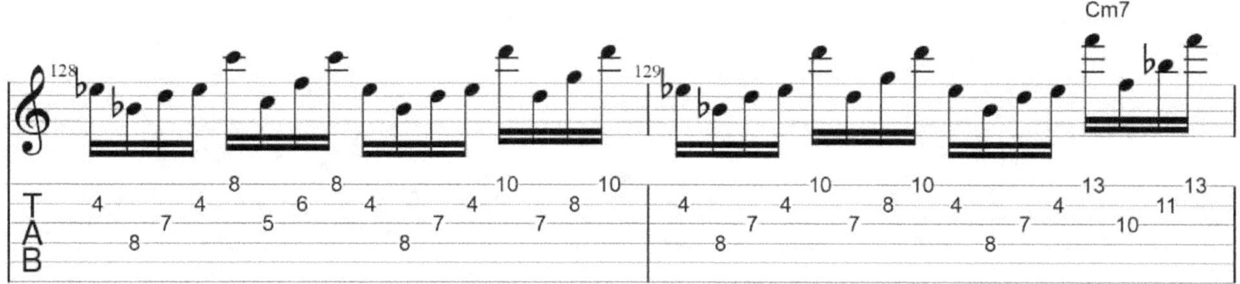
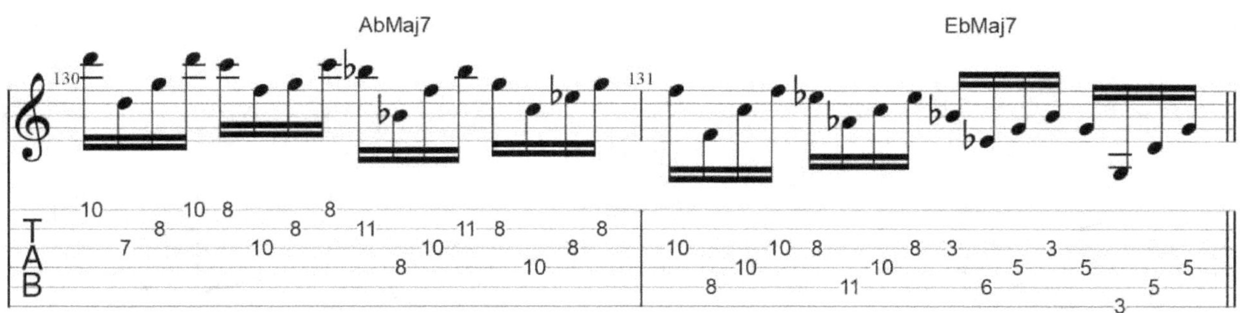
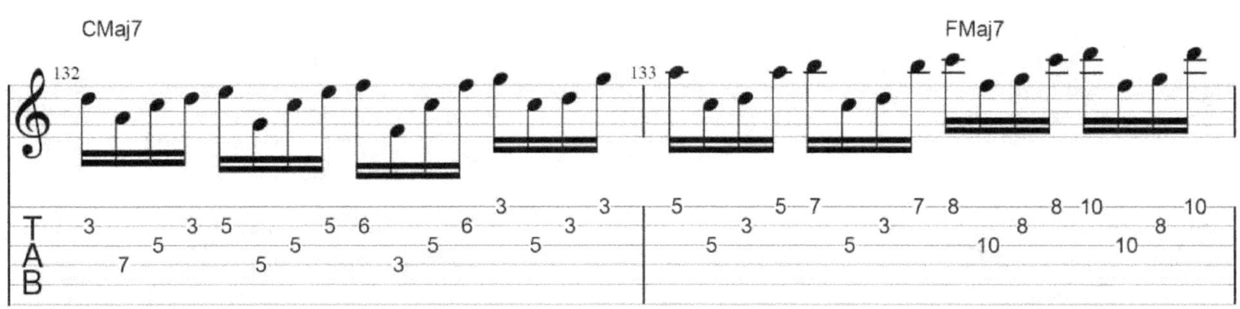
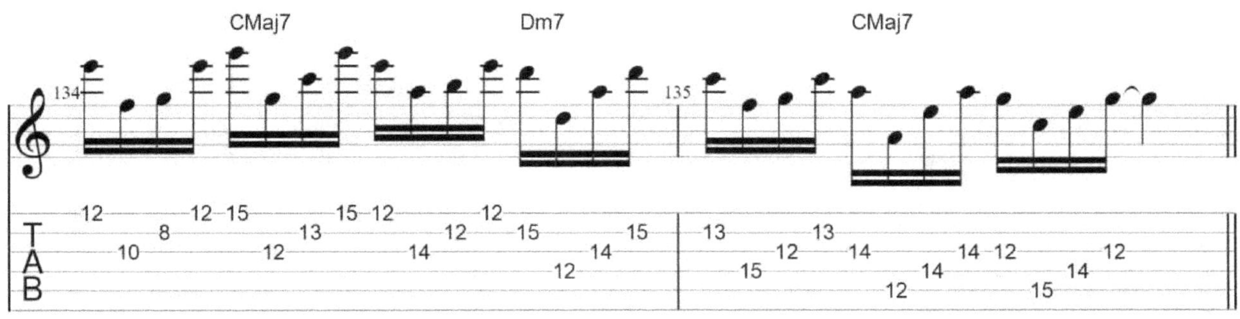

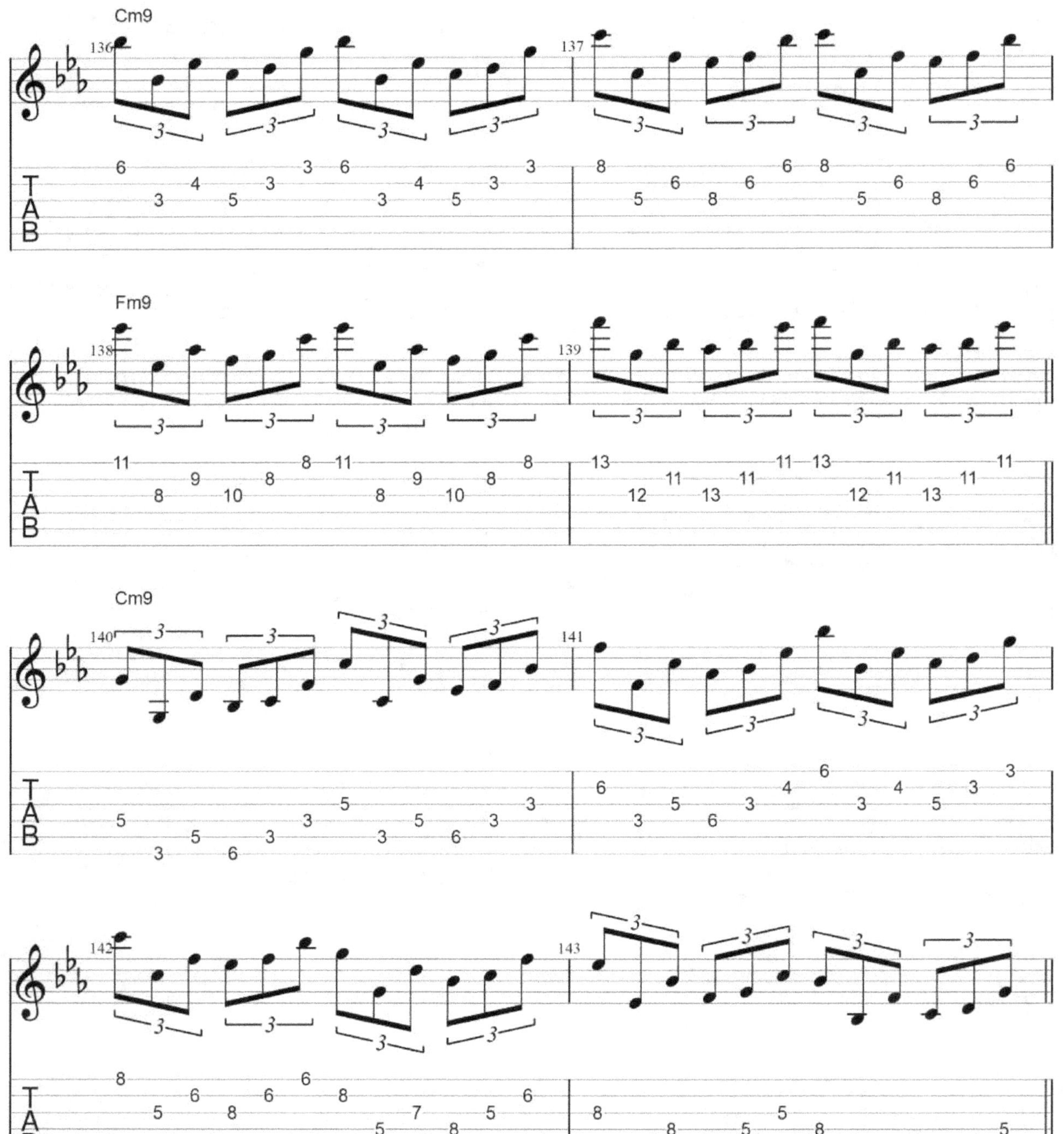
Cm9
Fm9
Cm9
56

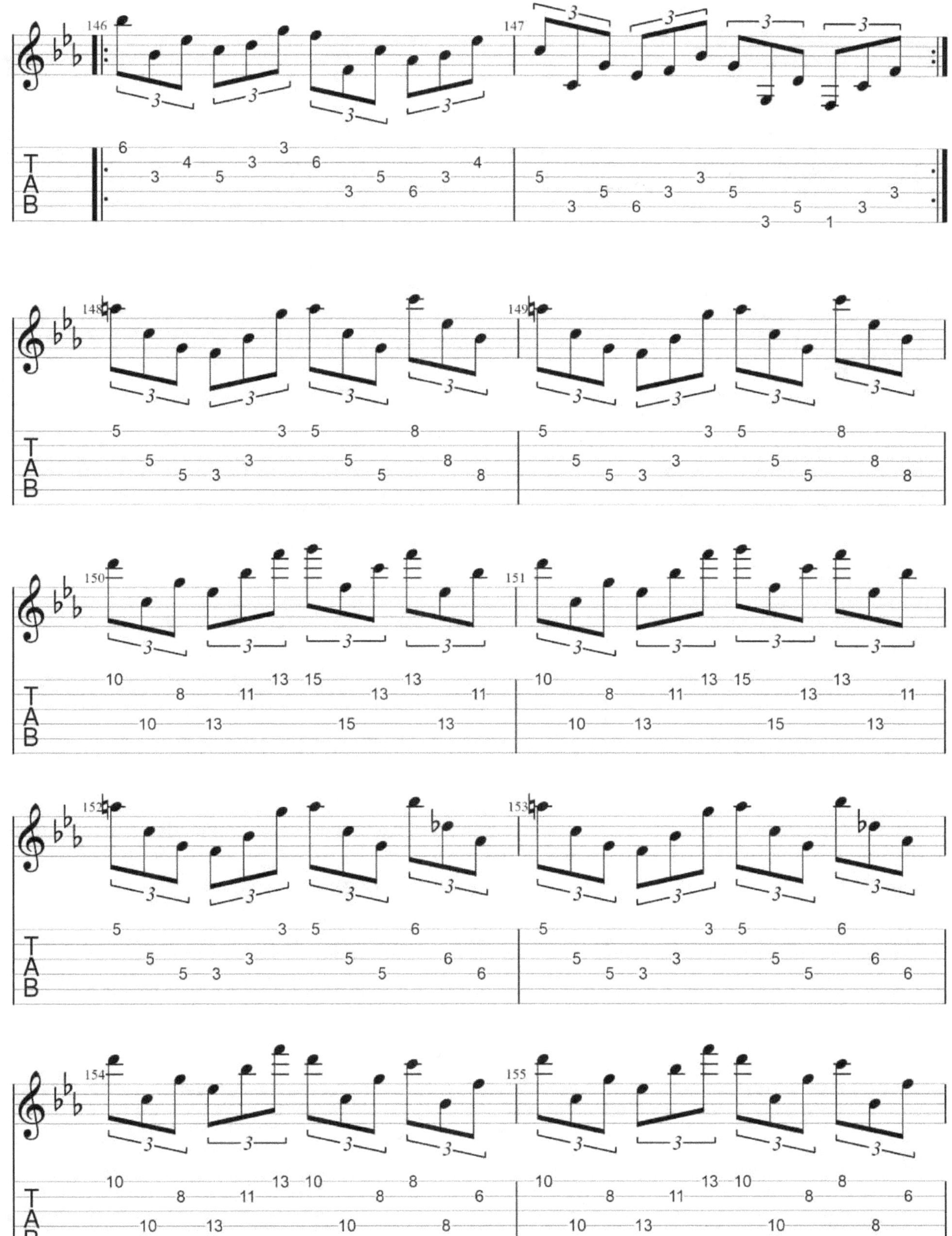

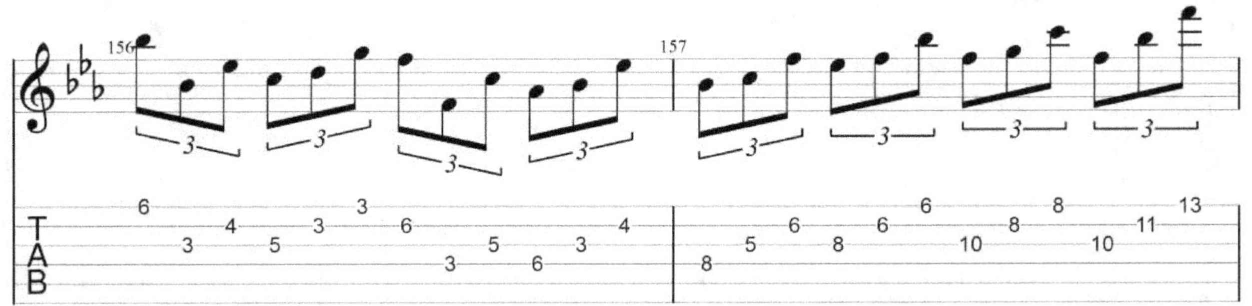
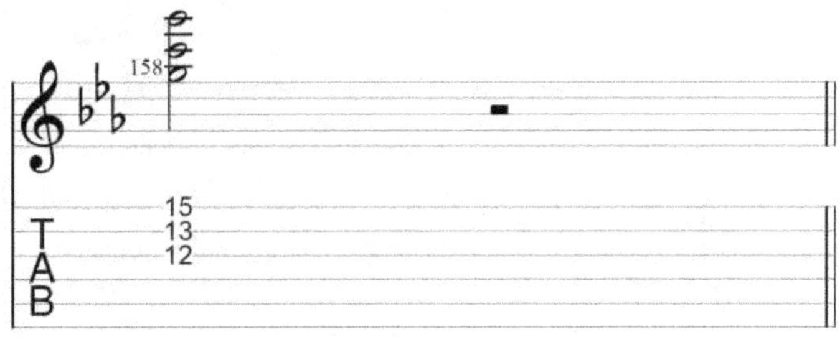

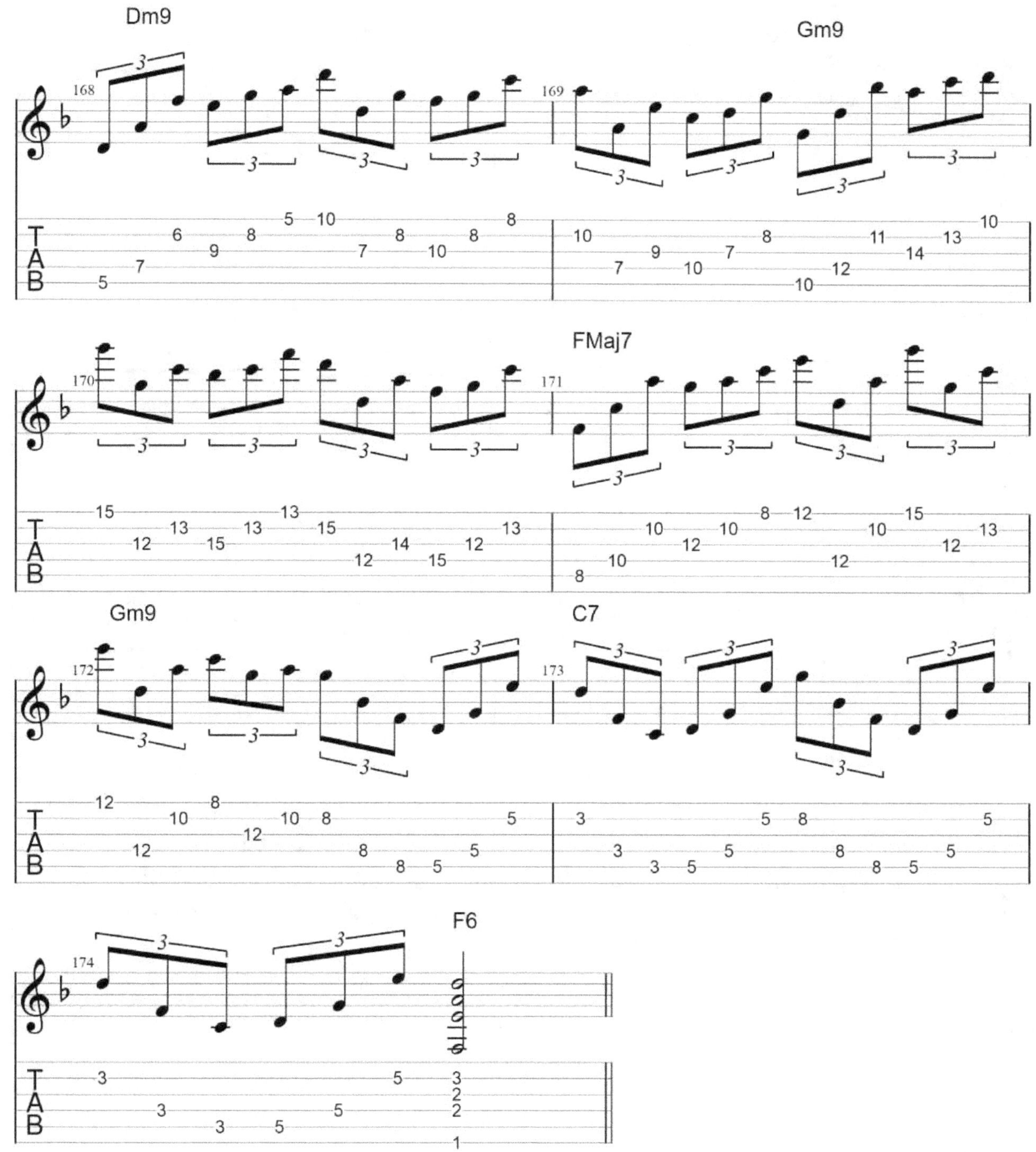

Dm9
Gm9
FMaj7
Gm9
C7
F6
59

Giants Steps

(Aplicando Herramientas)

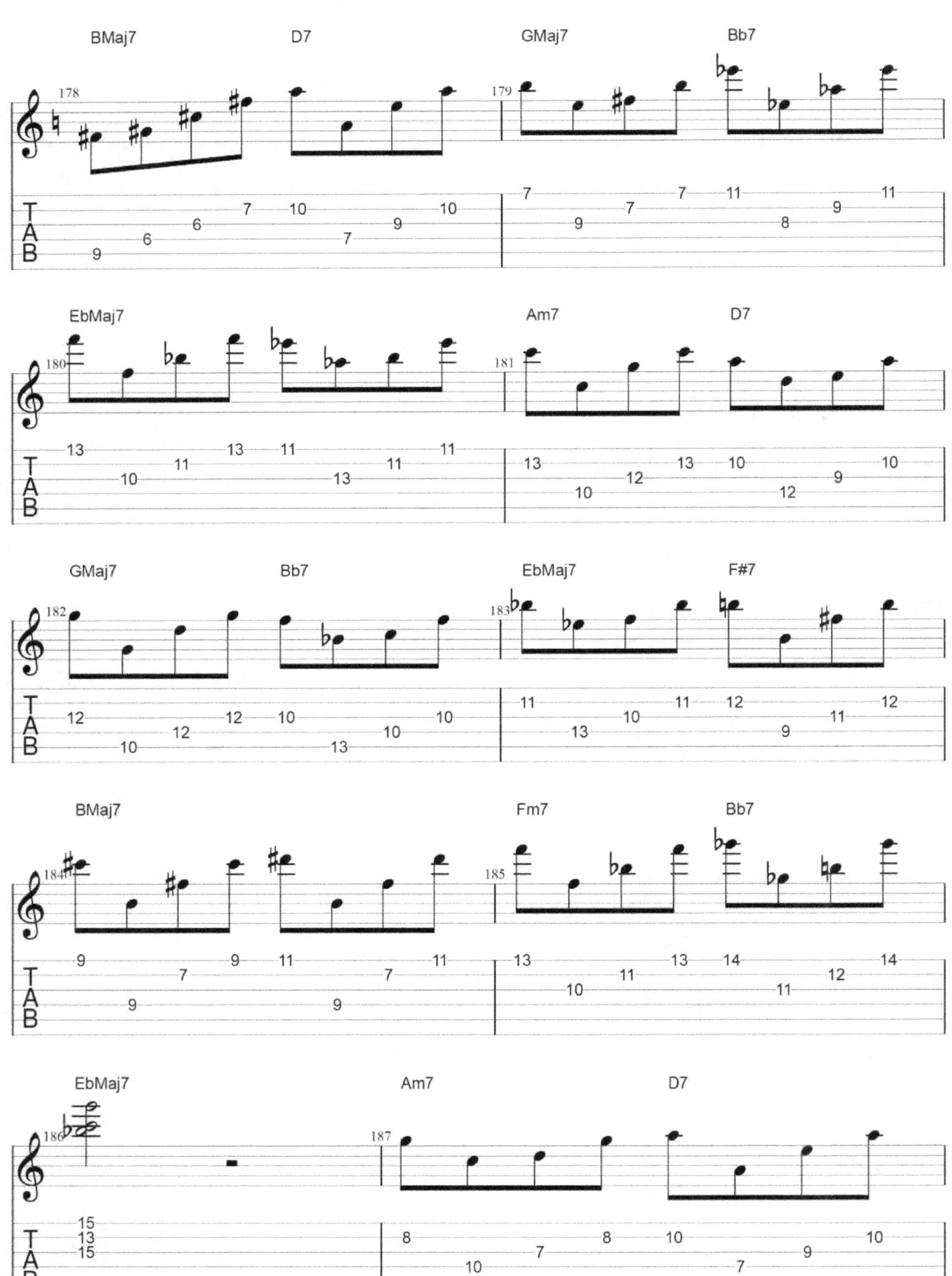

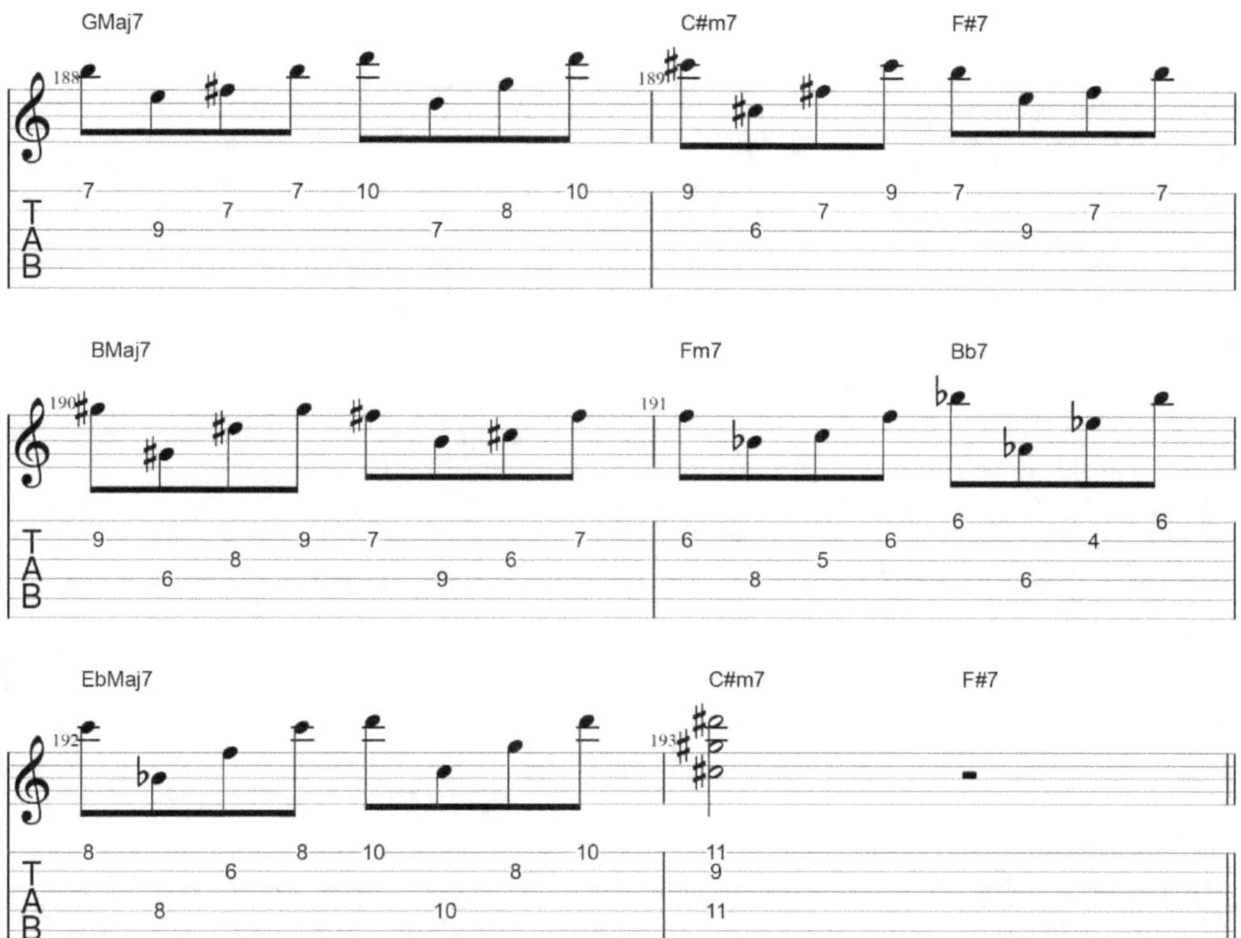

GMaj7
C#m7
F#7
BMaj7
Fm7
Bb7
EbMaj7
C#m7
F#7

All The Things You Are

(Apliación en Fragmento armónico)

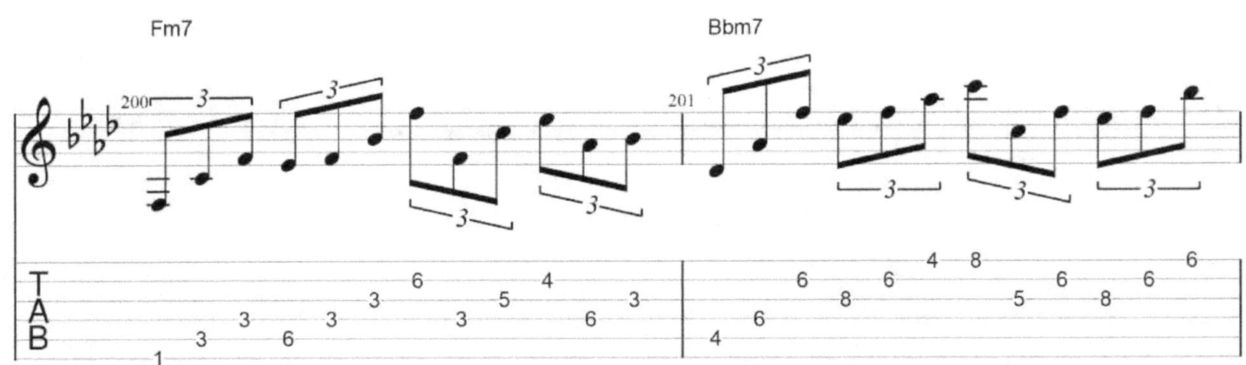

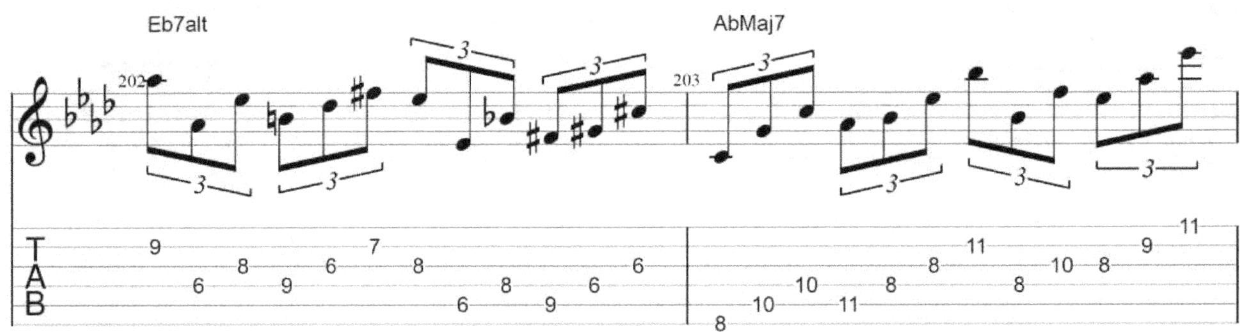

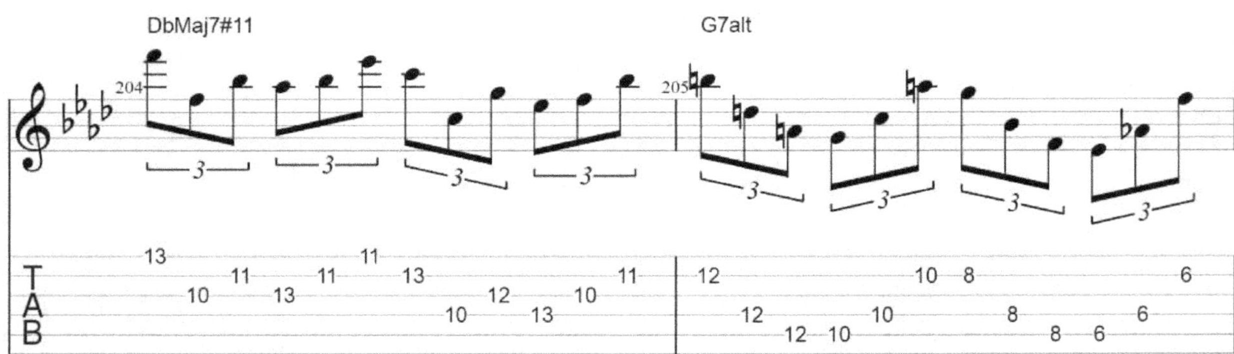

(Aplicación de estructuras en Acordes Dominantes)

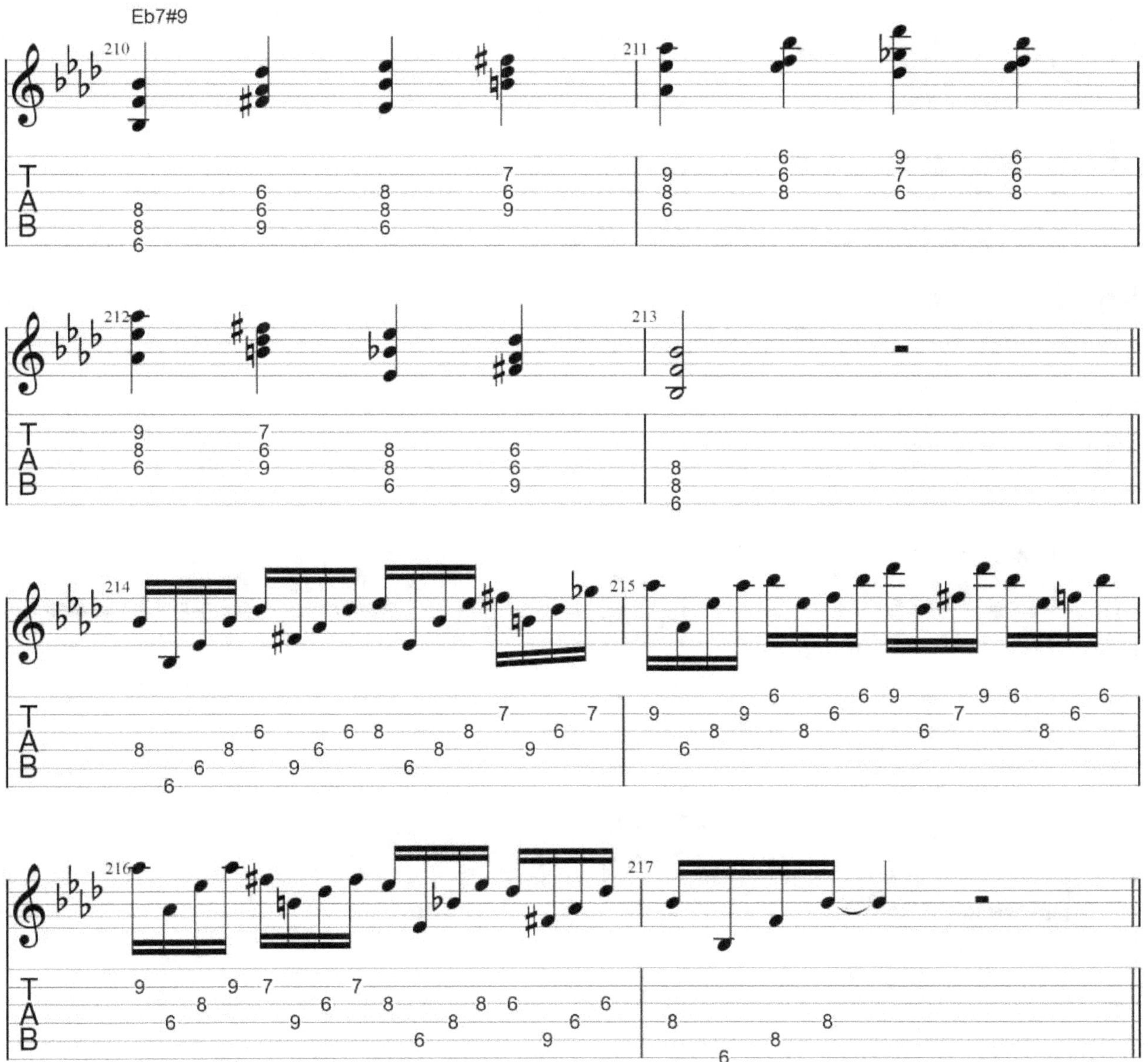

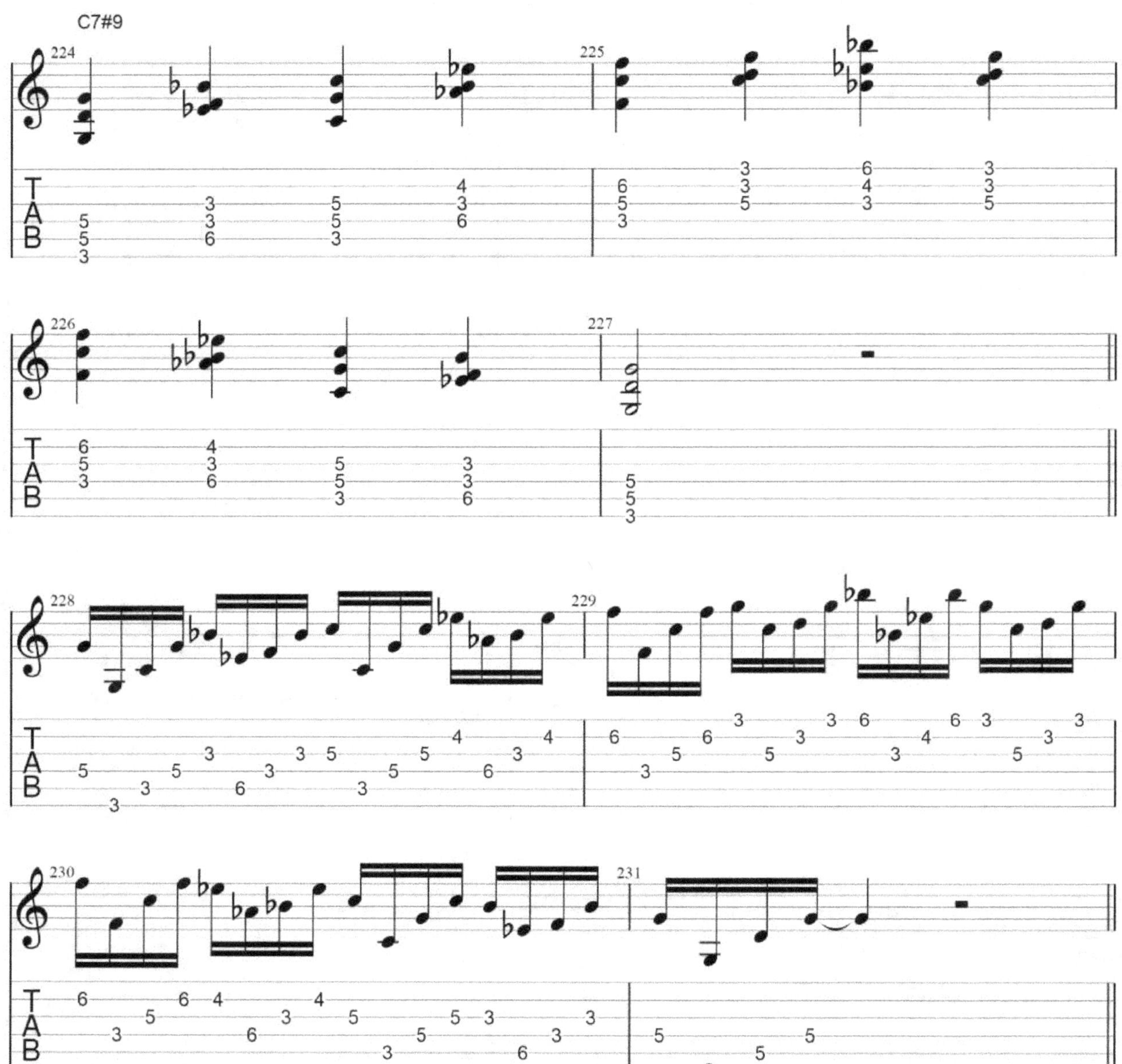

www.ingramcontent.com/pod-product-compliance
Lightning Source LLC
Chambersburg PA
CBHW080244280726
48661CB00022B/3751